sabor perfecto
pasta

Bath · New York · Singapore · Hong Kong · Cologne · Delhi · Melbourne

En este libro se emplean las unidades del Sistema Métrico Decimal. Las cucharadas de las medidas son rasas: las cucharaditas corresponden a 5 ml y las cucharadas a 15 ml. Si no se especifica lo contrario, la leche es siempre entera; los huevos y las piezas de verduras y hortalizas, como por ejemplo, las patatas, son de tamaño mediano, y la pimienta es negra y recién molida.

Las recetas en las que se utilizan huevos crudos o poco cocidos no deberían ser consumidas por niños, ancianos, mujeres embarazadas y personas convalecientes o enfermas. Se desaconseja el consumo de cacahuetes o productos a base de éstos a mujeres embarazadas o en periodo de lactancia.

sabor perfecto
pasta

introducción

¿Qué haríamos sin la pasta? Probablemente es el invento más útil de todos los tiempos: es deliciosa, barata, nutritiva y rápida y fácil de cocinar; y además, le deja a uno satisfecho. Su gran variedad de formas y tamaños la hace incluso más interesante y entretenida de comer, tanto para los niños como para los adultos.

Lo de la forma es una cuestión de preferencias, ¡y hay más de 200 entre las que escoger! No obstante, algunas combinaciones constituyen ya un clásico. Son los espaguetis, por ejemplo, los que se sirven con albóndigas o con una suculenta salsa de carne a la boloñesa; si además de comer quiere entretenerse, compre la variedad más larga, ¡es todo un reto llevárselos a la boca! Y del mismo modo que los Macarrones con queso no serían lo mismo con otro tipo de pasta, los Fettuccine Alfredo son bien conocidos por los amantes de la pasta.

Si bien cualquiera la puede cocinar, es preciso tener en cuenta un par de cosas. Primero, antes de cocer la pasta hay que hacer que el agua hierva rápido. Cuando la haya echado a la olla, baje el fuego para que la pasta se haga a una temperatura constante, sin que el agua se llegue a desbordar. Por otro lado, lo más importante es no cocerla demasiado. La expresión «al dente» significa «firme al morderla», y es el punto que se debe lograr, pues resulta más agradable al comerla. Para saber el tiempo de cocción, siga las indicaciones del envase y pruébela hacia el final para determinar si está en su punto. Aunque también puede seguir la tradición italiana de lanzar, por ejemplo, un espagueti contra la pared. Si la pasta se queda pegada, ¡sabrá que está cocida!

Las recetas de este libro también le demostrarán lo sorprendentemente fácil que es elaborar la pasta fresca.

Tenga siempre la despensa bien provista de pasta de todo tipo, elija sus platos favoritos y sáquele el máximo partido a este preciado ingrediente.

sopas y ensaladas

Al incorporar pasta a una sopa le aportamos una textura extra. Utilice tipos de pasta de pequeño tamaño y cocción rápida, o vermicelli troceados. La Minestrone con alubias es una sopa de pasta que lleva verduras y alubias, es ideal como almuerzo o cena sustanciosa y se suele servir con picatostes. La Sopa de pasta con lentejas, la Sopa de pollo italiana, la Sopa de pescado con anellini y la Sopa genovesa de verduras, además de llenar el estómago contienen muchas proteínas. Si a una sopa le añade salsa de pesto, la hará más suculenta y deliciosa; también puede usar esta salsa como aliño, al estilo francés, para la Sopa de verduras y habas.

Las ensaladas de pasta son fabulosas y le permiten aprovechar al máximo la gran variedad de formas disponibles. La Ensalada de orecchiette con peras y queso azul es una fantástica combinación de texturas y sabores. La Ensalada de farfalle con nueces y gorgonzola se hace con una variedad de pasta que queda especialmente bien en ensalada; los fusilli tricolor (naturales, de espinacas y de tomate, representando los colores de la bandera italiana), componen la Pasta niçoise, una vistosa variación de la clásica ensalada francesa que queda estupenda como plato principal en un almuerzo estival al aire libre. ¡Y su sabor también es excepcional!

minestrone con alubias

ingredientes

PARA 6 PERSONAS

2 cucharadas de aceite
de oliva

50 g de panceta o de beicon
magro, sin corteza y
en dados

2 cebollas en rodajas

2 dientes de ajo picados finos

3 zanahorias picadas

2 ramas de apio picadas

225 g de alubias blancas,
dejadas en remojo la
noche anterior

400 g de tomate troceado
en su jugo, de lata

2 litros de caldo de carne

350 g de patatas en dados

175 g de pepe hucato o algún
otro tipo de pasta
para sopa

175 g de judías verdes
troceadas

120 g de guisantes

225 g de repollo en tiras finas

3 cucharadas de perejil
picado

sal y pimienta

virutas de parmesano fresco,
para servir

preparación

1 Caliente el aceite de oliva en una cacerola grande de base gruesa, añada la panceta, la cebolla y el ajo, y sofríalos 5 minutos, removiendo de vez en cuando.

2 Incorpore la zanahoria y el apio y, sin dejar de remover, prosiga con la cocción durante 5 minutos, o hasta que las verduras estén tiernas.

3 Escurra las alubias y añádalas a la cacerola, junto con el tomate troceado y el jugo de éste. Seguidamente, vierta el caldo y llévelo a ebullición. Cuando rompa el hervor, tape la cacerola y cuézalo todo a fuego lento 1 hora.

4 Añada la patata, vuelva a poner la tapa y deje que prosiga la cocción 15 minutos. A continuación, incorpore la pasta, las judías verdes, los guisantes, el repollo y el perejil. Tape de nuevo la cacerola y deje cocer la sopa otros 15 minutos, o hasta que las verduras estén tiernas. Salpimiente la sopa y sírvala en boles con virutas de parmesano esparcidas por encima.

sopa de patatas al pesto

ingredientes

PARA 4 PERSONAS

3 lonchas de beicon
  ahumado graso o
  de panceta, sin corteza
450 g de patatas harinosas
450 g de cebollas
2 cucharadas de aceite
  de oliva
625 ml de caldo de pollo
625 ml de leche
100 g de conchigliette
150 ml de nata espesa
perejil picado
sal y pimienta
virutas de parmesano
pan de ajo, para acompañar

salsa de pesto

50 g de perejil picado
2 dientes de ajo majados
50 g de piñones majados
2 cucharadas de hojas
  de albahaca fresca
  picadas
50 g de parmesano recién
  rallado
pimienta blanca
150 ml de aceite de oliva

preparación

1 Para hacer la salsa de pesto, triture durante 2 minutos todos los ingredientes en una batidora o robot de cocina, o májelos a mano en el mortero.

2 Pique el beicon, las patatas y las cebollas. En una cacerola grande de base gruesa, fría el beicon a fuego medio durante 4 minutos. Añada el aceite de oliva, la patata y la cebolla y déjelo cocer todo 12 minutos, removiendo a menudo.

3 Vierta el caldo y la leche a la cacerola, llévelo todo a ebullición y deje que la cocción prosiga unos 10 minutos a fuego lento. Incorpore la pasta y déjela cocer entre 10 y 12 minutos.

4 Añada la nata espesa a la sopa, remueva y déjela 5 minutos más. Agréguele el perejil picado, la sal, la pimienta y 2 cucharadas de salsa de pesto. Remueva, reparta la sopa en boles y esparza las virutas de parmesano por encima. Sírvala acompañada de pan de ajo.

sopa de tomate

ingredientes

PARA 4 PERSONAS

1 cucharada de aceite
    de oliva

650 g de tomates pera

1 cebolla cortada en cuartos

1 diente de ajo en láminas
    finas

1 rama de apio troceada

500 ml de caldo de pollo

50 g de anellini o algún otro
    tipo de pasta para sopa

sal y pimienta

perejil picado, para adornar

preparación

1 Ponga el aceite de oliva en una cacerola de base gruesa y eche el tomate, la cebolla, el ajo y el apio. Cuézalos a fuego lento 45 minutos, agitando la cacerola de vez en cuando, hasta que se hayan ablandado.

2 Pase la mezcla a una batidora o un robot de cocina y haga un puré fino. Cuele el puré sobre una cacerola limpia.

3 Agregue el caldo y lleve la sopa a ebullición. Incorpore la pasta, deje que el agua vuelva a hervir y cuézala de 8 a 10 minutos, hasta que esté al dente. Salpimiente y reparta la sopa en boles calientes. Adórnela con el perejil por encima y sírvala enseguida.

sopa de pasta con lentejas

ingredientes

PARA 4 PERSONAS

4 lonchas de beicon magro,
    cortadas en cuadraditos

1 cebolla picada

2 dientes de ajo majados

2 ramas de apio troceadas

50 g de farfalline o de
    espaguetis troceados

400 g de lentejas pardas
    en conserva, escurridas

1,25 litros de caldo
    de verduras caliente

2 cucharadas de menta
    fresca picada

ramitas de menta,
    para adornar

preparación

1 En una sartén grande, fría el beicon, la cebolla, el ajo y el apio en la propia grasa del beicon durante 4 o 5 minutos, o hasta que la cebolla esté tierna y el beicon empiece a dorarse. Remueva sin cesar.

2 Añada la pasta a la sartén y remueva bien durante 1 minuto para que se impregne por completo de la grasa.

3 Incorpore las lentejas y el caldo y lleve a ebullición. Baje el fuego y deje cocer la sopa de 12 a 15 minutos, o hasta que la pasta esté al dente.

4 Retire la sartén del fuego, agregue la menta picada y remueva. Reparta la sopa en boles calientes, decórela con ramitas de menta fresca y sírvala enseguida.

sopa de pollo italiana

ingredientes

PARA 4 PERSONAS

450 g de pechuga de pollo
   deshuesada y sin piel,
   cortada en tiras
1,25 litros de caldo de pollo
150 ml de nata espesa
120 g de vermicelli
sal y pimienta
1 cucharada de fécula
   de maíz
3 cucharadas de leche
175 g de maíz de lata,
   escurrido

preparación

1 En una cacerola grande, ponga las tiras de pollo junto con el caldo y la nata espesa y llévelo a ebullición. Seguidamente, baje el fuego y prosiga 20 minutos con la cocción.

2 Mientras tanto, en una olla grande ponga a hervir abundante agua con un poco de sal. Eche los vermicelli, vuelva a llevar el agua a ebullición y déjelos cocer de 10 a 12 minutos, o hasta que estén al dente. Escurra bien la pasta y manténgala caliente.

3 Salpimiente la sopa. Diluya la fécula en la leche hasta que no haya grumos e incorpore la mezcla a la sopa. Por último, añádale el maíz y la pasta y caliéntelo todo. Reparta la sopa en boles precalentados y sírvala.

caldo de pollo con pasta

ingredientes

PARA 6 PERSONAS

350 g de pechuga de pollo
deshuesada
2 cucharadas de aceite
de maíz
1 cebolla cortada en dados
250 g de zanahorias
cortadas en dados
250 g de ramitos de coliflor
950 ml de caldo de pollo
2 cucharaditas de hierbas
secas mixtas
125 g de pasta para sopa
sal y pimienta
parmesano recién rallado,
para adornar (opcional)
pan de barra,
para acompañar

preparación

1 Con un cuchillo afilado, corte las pechugas en dados pequeños y deseche la piel que pudiera tener.

2 Caliente el aceite de maíz en una cacerola grande de base gruesa y saltee el pollo con la cebolla, la zanahoria y la coliflor hasta que todo adquiera un poco de color.

3 Agrégueles el caldo de pollo y las hierbas y llévelo a ebullición.

4 Incorpore la pasta y espere a que hierva de nuevo. Cubra la cacerola y deje cocer el caldo 10 minutos, removiendo de vez en cuando para evitar que la pasta se pegue.

5 Salpimiente y esparza el parmesano por encima, si lo desea. Sirva el caldo con pan, para acompañar.

sopa de pescado con anellini

ingredientes

PARA 6 PERSONAS

2 cucharadas de aceite
de oliva

2 cebollas en rodajas

1 diente de ajo picado fino

1 litro de caldo de pescado
o de agua

400 g de tomate troceado
en su jugo, de lata

$1/4$ de cucharadita de hierbas
de Provenza

$1/4$ de cucharadita de hebras
de azafrán

120 g de anellini

sal y pimienta

450 g de rape sin piel
ni espinas, en trozos

18 mejillones frescos,
raspados y desbarbados*

225 g de gambas peladas,
con cola y sin el hilo
intestinal

* Deseche los mejillones que
tengan las valvas rotas y
aquellos que, al darles un
golpecito, no se cierren
inmediatamente.

preparación

1 Caliente el aceite en una cacerola grande de base gruesa. Sofría la cebolla y el ajo a fuego lento 5 minutos, o hasta que la cebolla esté tierna. Remueva de vez en cuando.

2 Vierta el caldo de pescado al sofrito. Añádale el tomate con su jugo, las hierbas, el azafrán y la pasta y salpimiente. Llévelo a ebullición, tape la cacerola y cuézalo a fuego lento durante 15 minutos.

3 Incorpore el rape, los mejillones y las gambas. Tape de nuevo y deje que prosiga la cocción de 5 a 10 minutos, o hasta que los mejillones se hayan abierto, las gambas hayan cambiado de color y el rape esté opaco y se desmenuce con facilidad. Sirva la sopa en boles precalentados.

sopa de alubias blancas

ingredientes

PARA 4 PERSONAS

175 g de alubias blancas,
   dejadas en remojo la
   noche anterior
1,5 litros de caldo
   de verduras o de pollo
120 g de pipe rigate
6 cucharadas de aceite
   de oliva
2 dientes de ajo picados finos
4 cucharadas de perejil
   picado
sal y pimienta
pan de barra,
   para acompañar

preparación

1 Escurra las alubias y póngalas en una cacerola grande de base gruesa. Vierta el caldo y llévelo a ebullición. Cubra parcialmente la cacerola, baje la temperatura y deje cocer las alubias a fuego lento unas 2 horas, o hasta que estén tiernas.

2 Pase la mitad de las legumbres y un poco de caldo a una batidora o robot de cocina y haga un puré fino. Incorpore el puré a la cacerola, remueva y deje que la sopa vuelva a hervir.

3 Añada la pasta a la sopa, llévela a ebullición y prosiga con la cocción 10 minutos, o hasta que la pasta esté al dente.

4 Mientras tanto, caliente 4 cucharadas de aceite de oliva en un cazo. Fría el ajo a fuego lento, removiendo a menudo, 4 o 5 minutos, o hasta que esté dorado. Incorpórelo a la sopa junto con el perejil. Salpiméntela y repártala en boles calientes. Riéguela con el resto del aceite y sírvala enseguida con pan para acompañar.

sopa genovesa de verduras

ingredientes

PARA 8 PERSONAS

200 g de espinacas

225 g de tomates pera

2 cebollas en rodajas

2 zanahorias en dados

2 ramas de apio picadas

2 patatas en dados

120 g de guisantes
   congelados

120 g de judías verdes
   en trozos de 2,5 cm

2 calabacines en dados

3 dientes de ajo en láminas

4 cucharadas de aceite
   de oliva

2 litros de caldo de verduras
   o de pollo

sal y pimienta

140 g de pasta para sopa

parmesano recién rallado,
   para servir

salsa de pesto

2 dientes de ajo

25 g de piñones

120 g de albahaca fresca

50 g de parmesano recién
   rallado

125 ml de aceite de oliva

sal

preparación

1 Retire los tallos duros de las espinacas y córtelas en tiras. Haga un corte en forma de cruz en la base de los tomates y escáldelos de 35 a 45 segundos en agua hirviendo. Escúrralos y sumérjalos en agua fría para poder pelarlos con facilidad. Seguidamente, despepítelos, córtelos en dados y póngalos en una cacerola grande de base gruesa junto con las espinacas, la cebolla, la zanahoria, el apio, la patata, los guisantes, las judías, el calabacín y el ajo. Riegue las verduras con el aceite y el caldo y deje que rompa el hervor. A continuación, póngalas a cocer a fuego lento $1^1/2$ horas.

2 Mientras tanto, prepare el pesto. Maje el ajo, los piñones, la albahaca y una pizca de sal en un mortero. Pase la mezcla a un bol y, poco a poco, anada el parmesano con una cuchara de madera. Después, vaya vertiendo el aceite de oliva sin dejar de remover, hasta conseguir una pasta espesa y cremosa. Cubra el bol con film transparente y deje enfriar la salsa en el frigorífico hasta que la necesite.

3 Salpimiente la sopa, añádale la pasta y cuézala de 8 a 10 minutos, o hasta que esté al dente. Incorpore la mitad del pesto, retire la cacerola del fuego y déjela reposar 4 minutos. Pruebe la sopa y rectifíquela de sal, pimienta o pesto, si fuera necesario. Sírvala enseguida en boles precalentados con el parmesano rallado aparte.

sopa de verduras y habas

ingredientes

PARA 4-6 PERSONAS

225 g de habas frescas

2 cucharadas de aceite
   de oliva

2 dientes de ajo grandes
   majados

1 cebolla grande picada fina

1 rama de apio picada fina

1 zanahoria pelada y picada

175 g de patatas nuevas
   en dados

950 ml de caldo de verduras

2 tomates pelados,
   despepitados y troceados

sal y pimienta

1 ramillete atado de albahaca
   fresca

200 g de calabacín en dados

200 g de judías verdes
   despuntadas y troceadas

50 g de pasta cabello
   de ángel o de cualquier
   otra pasta para sopa

salsa de pesto

100 g de albahaca fresca

2 dientes de ajo grandes

1^1/$_2$ cucharadas de piñones

50 ml de aceite de oliva
   virgen extra con aroma
   afrutado

50 g de parmesano rallado

preparación

1 Si las habas fueran un poco viejas, hágales un corte en la piel exterior con un cuchillo afilado y extraiga la parte verde más tierna.

2 Caliente el aceite de oliva a fuego medio en una cacerola grande de base gruesa. Saltee el ajo con la cebolla, el apio y la zanahoria hasta que la cebolla esté tierna pero no dorada.

3 Añada la patata, el caldo y el tomate y salpimiente. Lleve el caldo a ebullición y vaya espumando si fuera necesario. Baje el fuego, tape la cacerola y prosiga con la cocción de la sopa 15 minutos, o hasta que las patatas estén tiernas.

4 Entre tanto, prepare la salsa de pesto. En una batidora o robot de cocina, triture la albahaca, el ajo y los piñones hasta obtener una pasta espesa. Vierta el aceite de oliva y siga triturando hasta que la salsa esté unida. Pásela a un bol y añádale el queso. Cúbrala y resérvela hasta que la vaya a usar.

5 Cuando la patata esté tierna, incorpore las habas, el calabacín, las judías verdes y la pasta a la sopa y déjela a fuego lento durante 10 minutos, o hasta que las verduras estén tiernas y la pasta cocida. Rectifique de sal y pimienta si fuera necesario. Aparte la cacerola del fuego y retire el ramillete de albahaca.

6 Reparta la sopa en boles y añada a cada ración una cucharada de salsa de pesto.

pasta niçoise

ingredientes

120 g de judías verdes
    en trozos de 5 cm
225 g de fusilli tricolor
100 ml de aceite de oliva
sal y pimienta
2 rodajas de atún, de unos
    350 g cada una
6 tomates cereza cortados
    por la mitad
50 g de aceitunas negras
    deshuesadas y cortadas
    por la mitad
6 anchoas de lata escurridas
    y picadas
3 cucharadas de perejil
    picado
2 cucharadas de zumo
    de limón
8-10 hojas de achicoria

preparación

1 En una olla, ponga a hervir abundante agua con un poco de sal. Eche las judías verdes y déjelas cocer a fuego lento de 5 a 6 minutos. Retírelas con una espumadera, refrésquelas con agua fría y escúrralas bien. Incorpore los fusilli a la olla, deje que vuelva a romper el hervor y cueza la pasta de 8 a 10 minutos, o hasta que esté al dente.

2 Mientras tanto, unte una parrilla con un poco de aceite de oliva y caliéntela hasta que humee. Salpimiente el atún por ambos lados y úntelo también con aceite. Áselo a fuego medio 2 minutos por cada lado o hasta que esté a su gusto. Retírelo de la parrilla y resérvelo.

3 Escurra bien la pasta y pásela a una fuente. Añádale las judías, los tomates, las aceitunas, las anchoas, el perejil, el zumo de limón y el aceite de oliva restante. Salpimiente, mezcle bien los ingredientes y déjelos enfriar. Retire y deseche la piel que pueda tener el atún y córtelo en tiras gruesas.

4 Incorpore el pescado a la ensalada de pasta y mézclelo todo con cuidado. Forme un lecho con las hojas de achicoria en una fuente llana. Disponga la ensalada por encima y sírvala.

ensalada de fusilli y atún a las hierbas

ingredientes

PARA 4 PERSONAS

200 g de fusilli

1 pimiento rojo despepitado
    y en cuartos

150 g de espárragos

1 cebolla roja en rodajas

4 tomates en rodajas

200 g de atún de lata
    al natural, escurrido
    y desmenuzado

aliño

6 cucharadas de aceite
    sazonado con albahaca,
    o de aceite de oliva
    virgen extra

3 cucharadas de vinagre
    de vino blanco

1 cucharada de zumo de lima

1 cucharadita de mostaza

1 cucharadita de miel

4 cucharadas de albahaca
    fresca picada, y unas
    ramitas extra, para adornar

preparación

1 En una olla, ponga a hervir abundante agua con un poco de sal. Eche la pasta, deje que el agua hierva de nuevo y cueza los fusilli entre 8 y 10 minutos, hasta que estén al dente.

2 Entre tanto, ase bajo el grill precalentado el pimiento cuarteado de 10 a 12 minutos, hasta que la piel empiece a chamuscarse. A continuación, introdúzcalo en una bolsa de plástico, ciérrela bien y resérvelo.

3 En una olla aparte, escalde los espárragos 4 minutos en agua hirviendo. Escúrralos, sumérjalos en agua fría y vuélvalos a escurrir. Saque la pasta del fuego, escúrrala y déjela enfriar. Retire el pimiento de la bolsa, pélelo y córtelo en tiras.

4 Para el aliño, ponga todos los ingredientes en una fuente y mézclelos bien. Incorpore la pasta, las tiras de pimiento, los espárragos, la cebolla, las rodajas de tomate y el atún. Vuelva a mezclar y reparta la ensalada en boles individuales. Adórnela con ramitas de albahaca y sírvala.

ensalada de orecchiette con peras y queso azul

ingredientes

PARA 4 PERSONAS

250 g de orecchiette

1 achicoria troceada

1 lechuga de hoja de roble
  troceada

2 peras

3 cucharadas de zumo
  de limón

250 g de queso azul
  en dados

50 g de nueces troceadas

4 tomates cortados
  en cuartos

1 cebolla roja en rodajas

1 zanahoria rallada

8 hojas de albahaca fresca

50 g de canónigos

4 cucharadas de aceite
  de oliva

3 cucharadas de vinagre
  de vino blanco

sal y pimienta

preparación

1 En una olla, ponga abundante agua con un poco de sal y llévela a ebullición. Eche la pasta, deje que rompa de nuevo el hervor y déjela cocer de 8 a 10 minutos, o hasta que esté al dente. Escúrrala, refrésquela en un cuenco con agua fría y vuélvala a escurrir.

2 Disponga la achicoria y la lechuga en una ensaladera. Parta las peras por la mitad, quíteles el corazón y corte la pulpa en dados. Para que no se ennegrezcan, póngalos en un bol y rocíelos con 1 cucharada de zumo de limón. Disponga el queso azul, las nueces, la pera, la pasta, el tomate, la cebolla y la zanahoria sobre la lechuga. Incorpore también la albahaca y los canónigos.

3 Para hacer el aliño, mezcle en un bol el resto del zumo de limón, el aceite y el vinagre y salpimiente. Rocíe la ensalada con el aliño, remueva para mezclar bien los ingredientes y sírvala.

ensalada tibia de pasta

ingredientes

PARA 4 PERSONAS

225 g de farfalle o de
   cualquier otro tipo de
   pasta corta
6 tomates secados al sol
   conservados en aceite,
   escurridos y troceados
4 cebolletas picadas
50 g de ruqueta en tiras
$1/2$ pepino despepitado
   y en dados
sal y pimienta
2 cucharadas de parmesano
   recién rallado

aliño

4 cucharadas de aceite
   de oliva
$1/2$ cucharadita de azúcar
   de lustre
1 cucharada de vinagre
   de vino blanco
1 cucharadita de mostaza
   de Dijon
sal y pimienta
4 hojas de albahaca fresca
   en tiras finas

preparación

1 Para preparar el aliño, bata el aceite de oliva con el azúcar, el vinagre y la mostaza en un bol. Salpimiéntelo y añádale la albahaca.

2 En una olla, ponga abundante agua con un poco de sal y llévela a ebullición. Eche la pasta, deje que el agua vuelva a hervir y cuézala de 8 a 10 minutos, o hasta que esté al dente. Escúrrala y pásela a una ensaladera. Viértele el aliño por encima y mezcle.

3 Incorpore los tomates, la cebolleta, la ruqueta y el pepino. Seguidamente, salpimiente la ensalada y mezcle bien los ingredientes. Esparza el parmesano rallado por encima y sírvala tibia.

ensalada italiana

ingredientes

PARA 4 PERSONAS

225 g de conchiglie

50 g de piñones

350 g de tomates cereza
    partidos por la mitad

1 pimiento rojo despepitado
    y en trozos del tamaño
    de un bocado

1 cebolla roja picada

200 g de mozzarella
    de bufala en dados

12 aceitunas negras
    deshuesadas

25 g de hojas de albahaca
    fresca

virutas de parmesano,
    para adornar

aliño

5 cucharadas de aceite
    de oliva virgen extra

2 cucharadas de vinagre
    balsámico

1 cucharada de albahaca
    fresca picada

sal y pimienta

preparación

1 En una olla, ponga abundante agua con un poco de sal y llévela a ebullición. Eche la pasta, deje que el agua vuelva a hervir y cuézala de 8 a 10 minutos, hasta que esté al dente. Escúrrala, refrésquela bajo el chorro de agua fría y vuelva a escurrirla. Déjela enfriar.

2 Entre tanto, tueste los piñones en una sartén sin aceite, agitándola con frecuencia, un par de minutos, o hasta que adquieran un poco de color. Retírelos del fuego, páselos a un plato y déjelos enfriar.

3 Ponga todos los ingredientes para el aliño en un bol y mézclelos bien. Cúbralo con film transparente y resérvelo.

4 Para montar la ensalada, distribuya la pasta en 4 boles y, a continuación, reparta los piñones, el tomate, el pimiento, la cebolla, el queso y las aceitunas. Esparza la albahaca por encima y aliñe la ensalada, adórnela con virutas de parmesano y sírvala.

ensalada de farfalle con aliño al curry

ingredientes

PARA 4 PERSONAS

120 g de farfalle

4-6 hojas de lechuga grandes

1 pimiento verde despepitado
    y picado

1 pimiento rojo despepitado
    y picado

2 cucharadas de cebollino
    fresco picado

120 g de champiñones
    troceados

aliño

2 cucharaditas de curry
    en polvo

1 cucharada de azúcar
    de lustre

125 ml de aceite de maíz

50 ml de vinagre de vino
    blanco

1 cucharada de nata líquida

preparación

1 En una olla, ponga abundante agua con un poco de sal y llévela a ebullición. Eche la pasta, deje que el agua vuelva a hervir y cuézala de 8 a 10 minutos, hasta que esté al dente. Escúrrala, refrésquela en una fuente con agua fría y escúrrala de nuevo.

2 Forre las paredes de una ensaladera con las hojas de lechuga y vuelque la pasta en el interior. Añada el pimiento, el cebollino y los champiñones.

3 Para preparar el aliño, ponga el curry y el azúcar en un bol pequeño e incorpore, poco a poco y removiendo constantemente, el aceite, el vinagre y la nata líquida. Bata el aliño con unas varillas y viértalo sobre la ensalada. Por último, mézclela bien y sírvala.

ensalada de farfalle con nueces y gorgonzola

ingredientes

PARA 4 PERSONAS

225 g de farfalle

2 cucharadas de aceite
de nuez

4 cucharadas de aceite
de cártamo

2 cucharadas de vinagre
balsámico

sal y pimienta

280 g de hojas de ensalada
variadas

225 g de gorgonzola
en dados

120 g de nueces partidas
por la mitad y tostadas

preparación

1 En una olla, ponga abundante agua con un poco de sal y llévela a ebullición. Eche la pasta, deje que el agua vuelva a hervir y cuézala de 8 a 10 minutos, hasta que esté al dente. Escúrrala, refrésquela en un cuenco con agua fría y escúrrala de nuevo.

2 Mezcle en un bol el aceite de nuez, el de cártamo y el vinagre y bátalos con un tenedor o unas varillas hasta que queden bien unidos. Salpimiente el aliño.

3 Disponga hojas de lechuga variadas en una ensaladera y eche la pasta, el gorgonzola y las nueces. Aliñe la ensalada, remuévala ligeramente y sírvala.

ensalada de conchiglie con pimientos asados

ingredientes

PARA 4 PERSONAS

1 pimiento rojo

1 pimiento naranja

280 g de conchiglie

5 cucharadas de aceite
   de oliva virgen extra

2 cucharadas de zumo
   de limón

2 cucharadas de pesto

1 diente de ajo picado fino

3 cucharadas de hojas
   de albahaca fresca
   en tiras

sal y pimienta

preparación

1 Precaliente el grill. Coloque los pimientos enteros en una bandeja para el horno y, dándoles la vuelta con frecuencia, áselos bajo el grill durante 15 minutos o hasta que estén chamuscados. Retírelos con unas pinzas y páselos a un bol. Cubra los pimientos con papel de cocina arrugado y resérvelos.

2 Mientras tanto, en una olla ponga abundante agua con un poco de sal y llévela a ebullición. Eche la pasta, deje que el agua hierva de nuevo y cuézala entre 8 y 10 minutos, hasta que esté al dente.

3 En una fuente, mezcle el aceite de oliva, el zumo de limón, el pesto y el ajo. Escurra la pasta, incorpórela a la mezcla cuando todavía esté caliente y remueva bien. Resérvela hasta que la necesite.

4 Cuando los pimientos se hayan enfriado lo suficiente, pélelos, pártalos por la mitad y retire las semillas. Córtelos en tiras e incorpórelos a la fuente junto con la albahaca. Salpimiente la ensalada, remuévala bien y sírvala.

carnes rojas y blancas

Con la pasta, un poco de carne puede llegar a cundir mucho. En este capítulo encontrará exquisitas salsas de carne y aprenderá a preparar Espaguetis con albóndigas, célebres entre los devotos de la comida italiana, así como unos sofisticados Espaguetis a la boloñesa, otro gran clásico. Los Espaguetis a la carbonara y los Linguine al azafrán son dos recetas sencillas y elegantes que, además de prepararse en menos de 15 minutos, impresionarán a los invitados cuando disponga de poco tiempo y deba quedar bien. Otro plato muy chic son los Orecchioni con cerdo en salsa de vino tinto, que se sirven adornados con huevos de codorniz.

Si le gusta la pasta con un toque picante, pruebe el Solomillo de cerdo picante con tallarines, los Rigatoni con salsa de jamón, tomate y guindilla y los Macarrones con salchicha, pepperoncini y aceitunas. Los Espaguetis con pollo al perejil llevan una sabrosa y refrescante salsa elaborada con piel de limón y jengibre fresco.

Atrévase a hacer pasta fresca con los Raviolis de pollo con crema de setas o los Tortellini de pollo. Es muy fácil: reparta el relleno sobre una lámina de masa, cúbrala con una segunda lámina y recorte los cuadrados. Los tortellini requieren algo más de destreza, pero tras la primera vez, ¡siempre querrá hacerlos en casa!

espaguetis con albóndigas

ingredientes

PARA 2 PERSONAS

2 rebanadas gruesas de pan
   blanco sin la corteza
2 cucharadas de aceite
   de oliva
1 cebolla roja picada
2 dientes de ajo picados finos
400 g de tomate troceado
   en su jugo, de lata
8 hojas de albahaca
2 cucharadas de concentrado
   de tomate
1 cucharadita de azúcar
sal y pimienta
450 g de carne picada
   de buey
2 huevos
1 cucharada de perejil picado
1 cucharada de albahaca
   fresca picada
350 g de espaguetis
parmesano recién rallado,
   para servir

preparación

1 Ponga el pan en un plato llano y cúbralo ligeramente con agua. Déjelo 5 minutos en remojo, escúrralo y estrújelo para extraer todo el líquido.

2 Caliente el aceite en una cacerola y fría la cebolla y la mitad del ajo a fuego medio unos 5 minutos, removiendo de vez en cuando. Incorpore el tomate con su jugo, las hojas de albahaca, el concentrado de tomate y el azúcar. Remueva y salpimiente. Cuando rompa el hervor, baje el fuego al mínimo y deje cocer la salsa unos 20 minutos, o hasta que se espese, removiendo de vez en cuando.

3 En un cuenco, mezcle manualmente el pan con la carne picada, los huevos, el resto de las hierbas y del ajo y $1/2$ cucharadita de sal. Vaya incorporando las albóndigas a la salsa de tomate a medida que les vaya dando forma. Cubra la cacerola y cuézalas a fuego medio unos 30 minutos.

4 Entre tanto, en una olla con abundante agua hirviendo y un poco de sal, ponga a cocer la pasta 10 minutos, hasta que esté al dente. Escúrrala bien.

5 Pase los espaguetis a una fuente de servir llana. Disponga las albóndigas en salsa por encima y esparza 2 cucharadas del queso rallado por toda la superficie. Sirva el plato acompañado de un bol de parmesano.

espaguetis a la boloñesa

ingredientes

PARA 4 PERSONAS

2 cucharadas de aceite
    de oliva

15 g de mantequilla

1 cebolla pequeña picada
    fina

1 zanahoria picada fina

1 rama de apio picada fina

50 g de champiñones
    en dados

225 g de carne picada
    de buey

75 g de beicon o de jamón
    cocido en dados

2 higadillos de pollo picados

2 cucharadas de concentrado
    de tomate

125 ml de vino blanco seco

sal y pimienta

$1/2$ cucharadita de nuez
    moscada recién rallada

300 ml de caldo de pollo

125 ml de nata espesa

450 g de espaguetis

2 cucharadas de perejil
    picado, para adornar

parmesano recién rallado,
    para servir

preparación

1 Caliente el aceite de oliva y la mantequilla en una cacerola grande a fuego medio y sofría la cebolla, la zanahoria, el apio y los champiñones hasta que estén tiernos. Incorpore la carne y el beicon, y fríalos hasta que la carne picada se haya dorado.

2 Añada los higadillos y el concentrado de tomate y siga cociendo 2 o 3 minutos. Vierta el vino y sazone con sal, pimienta y la nuez moscada. Incorpore el caldo y lleve la salsa a ebullición. Tape la cacerola y deje cocer a fuego lento 1 hora. Después, quite la tapa, agregue la nata espesa y remueva. Mantenga la cacerola sobre el fuego al mínimo hasta que la salsa se haya reducido.

3 En una olla, ponga a hervir abundante agua con un poco de sal. Eche los espaguetis, deje que vuelva a romper el hervor y cueza la pasta hasta que esté al dente. Escúrrala y pásela a una fuente de servir caliente.

4 Disponga la salsa boloñesa por encima de los espaguetis, adorne el plato con perejil y sírvalo acompañado del parmesano rallado.

tallarines con salsa de carne

ingredientes

PARA 4 PERSONAS

4 cucharadas de aceite
   de oliva, y un poco más
   para servir

85 g de panceta o de beicon
   magro, sin corteza
   y en dados

1 cebolla picada

1 diente de ajo picado fino

1 zanahoria picada

1 rama de apio picada

1 bistec de buey de
   225 g picado

120 g de higadillos de pollo
   picados

2 cucharadas de concentrado
   de tomate

125 ml de vino blanco seco

250 ml de caldo de carne
   o agua

1 cucharada de orégano
   fresco picado

1 hoja de laurel

sal y pimienta

450 g de tallarines de huevo
   y de espinacas

parmesano recién rallado,
   para servir

preparación

1 Caliente el aceite de oliva en una cacerola grande de base gruesa y, removiendo de vez en cuando, fría la panceta o el beicon a fuego medio de 3 a 5 minutos, hasta que empiece a dorarse. Añada la cebolla, el ajo, la zanahoria y el apio y rehóguelos 5 minutos, removiendo de vez en cuando.

2 Incorpore la carne, suba el fuego al máximo y fríala 5 minutos, o hasta que esté dorada, a la vez que la desmenuza con 1 cuchara de madera. Agregue los higadillos de pollo y déjelos de 2 a 3 minutos, removiendo de vez en cuando. Vierta el concentrado de tomate, el vino y el caldo, añada el orégano y la hoja de laurel y salpimiente. Llévelo a ebullición, baje el fuego al mínimo, tape la cacerola y déjelo cocer todo de 30 a 35 minutos.

3 Cuando falten unos minutos para que esté lista la salsa, ponga a hervir en una olla abundante agua con un poco de sal y cueza la pasta entre 8 y 10 minutos, o hasta que esté al dente. Escúrrala y pásela a una fuente precalentada. Riegue los tallarines con un chorrito de aceite de oliva y remueva.

4 Retire la hoja de laurel y vierta la salsa sobre la pasta. Mézclelo todo bien y sirva el plato enseguida, acompañado del parmesano.

orecchioni con cerdo en salsa de vino tinto

ingredientes

PARA 4 PERSONAS

450 g de solomillo de cerdo,
   cortado en tajadas finas

4 cucharadas de aceite
   de oliva

225 g de champiñones
   en láminas

1 cucharada de zumo
   de limón

1 pizca de hebras de azafrán

350 g de orecchioni

4 cucharadas de nata espesa

12 huevos de codorniz

salsa de vino tinto

1 cucharada de aceite
   de oliva

1 cebolla picada

1 cucharada de concentrado
   de tomate

200 ml de vino tinto

1 cucharadita de orégano
   picado fino

preparación

1 Para hacer la salsa, caliente el aceite en una cacerola pequeña de base gruesa y rehogue la cebolla hasta que esté transparente. Sin dejar de remover, añádale el concentrado de tomate, el vino tinto y el orégano. Deje cocer la salsa a fuego suave para que se reduzca y resérvela.

2 Ponga las tajadas de cerdo entre 2 hojas de film transparente, golpéelas para aplanarlas y córtelas en tiras. Caliente el aceite en una sartén y saltee la carne 5 minutos. Añádale los champiñones y saltéelo todo junto 2 minutos. Cuele la salsa de vino sobre la sartén, baje el fuego y déjelo cocer 20 minutos.

3 En una olla grande, ponga a hervir abundante agua con un poco de sal. Añádale el zumo de limón, el azafrán y los orecchioni, deje que vuelva a romper el hervor y cueza la pasta entre 8 y 10 minutos, o hasta que esté al dente. Escúrrala bien, vuelva a ponerla en la olla y manténgala caliente.

4 Incorpore la nata a la carne, remueva un poco y caliente la salsa unos minutos.

5 Hierva los huevos de codorniz 3 minutos, sumérjalos en agua fría y quíteles la cáscara. Pase la pasta a una fuente caliente. Disponga la carne con la salsa por encima, adórnela con los huevos de codorniz y sírvala.

solomillo de cerdo picante con tallarines

ingredientes

PARA 4 PERSONAS

450 g de tallarines

3 cucharadas de aceite
   de cacahuete

350 g de solomillo de cerdo
   cortado en tiras delgadas

1 diente de ajo picado fino

1 manojo de cebolletas
   cortadas en rodajas

1 trozo de 2,5 cm de jengibre
   rallado

2 guindillas tailandesas
   despepitadas y picadas
   finas

1 pimiento rojo despepitado
   y en tiras

1 pimiento amarillo
   despepitado y en tiras

3 calabacines cortados
   en bastoncitos

2 cucharadas de cacahuetes
   picados finos

1 cucharadita de canela
   molida

1 cucharada de salsa
   de ostras

50 g de coco cremoso rallado

sal y pimienta

2 cucharadas de cilantro
   fresco picado, para adornar

preparación

1 Ponga al fuego una olla grande con abundante agua y un poco de sal y llévela a ebullición. Eche la pasta, espere a que el agua vuelva a hervir y deje cocer la pasta de 8 a 10 minutos, o hasta que esté al dente.

2 Entre tanto, precaliente un wok o una sartén grande de base gruesa. Caliente el aceite, eche el solomillo y saltéelo 5 minutos. Añada el ajo, la cebolleta, el jengibre y la guindilla, y saltéelo todo durante 2 minutos.

3 A continuación, agregue los pimientos y el calabacín y saltéelos 1 minuto. Incorpore los cacahuetes, la canela, la salsa de ostras y el coco. Saltéelo todo durante 1 minuto más y salpiméntelo. Escurra la pasta y pásela a una fuente. Cúbrala con la carne de cerdo picante, esparza el cilantro picado por encima y sírvala.

espaguetis a la carbonara

ingredientes

PARA 4 PERSONAS

450 g de espaguetis

1 cucharada de aceite
    de oliva

225 g de panceta o de beicon
    magro, sin corteza
    y en trocitos

4 huevos

5 cucharadas de nata líquida

sal y pimienta

4 cucharadas de parmesano
    recién rallado

preparación

1 En una olla grande, ponga a hervir abundante agua con un poco de sal. Eche la pasta, deje que vuelva a romper el hervor y cueza los espaguetis de 8 a 10 minutos, o hasta que estén al dente.

2 Mientras tanto, caliente el aceite en una sartén de base gruesa y fría la panceta entre 8 y 10 minutos, a fuego medio y removiendo con frecuencia.

3 En un bol, bata los huevos junto con la nata líquida y salpimiente la mezcla. Escurra la pasta y vuelva a ponerla en la olla. Vierta sobre la pasta el contenido de la sartén y, a continuación, la mezcla de huevo y la mitad del parmesano. Remuévalo todo y páselo a una fuente de servir caliente. Sirva el plato enseguida, con el resto del queso esparcido por encima.

rigatoni con salsa picante de beicon y tomate

ingredientes

PARA 4 PERSONAS

6 cucharadas de aceite
   de oliva

3 dientes de ajo en láminas
   finas

75 g de beicon picado

800 g de tomate troceado
   en su jugo, de lata

$1/2$ cucharadita de copos
   de guindilla

sal y pimienta

450 g de rigatoni

10 hojas de albahaca fresca
   cortadas en tiras

2 cucharadas de queso
   pecorino romano
   recién rallado

preparación

1 Caliente el aceite y el ajo en una sartén grande a fuego bajo-medio. En cuanto el ajo empiece a tomar color, añádale el beicon y fríalo hasta que esté dorado.

2 Incorpore el tomate y los copos de guindilla a la sartén y remueva. Salpimiente la salsa, llévela a ebullición y déjela cocer a fuego medio-suave de 30 a 40 minutos, hasta que el aceite se separe del tomate.

3 Cueza la pasta en abundante agua hirviendo con sal hasta que esté al dente. Escúrrala y pásela a una fuente de servir caliente.

4 Vierta la salsa sobre los rigatoni, esparza la albahaca y el queso rallado por encima y remueva para mezclarlo todo bien. Sirva el plato enseguida.

linguine con beicon y aceitunas

ingredientes

PARA 4 PERSONAS

3 cucharadas de aceite
de oliva

2 cebollas en rodajas finas

2 dientes de ajo picados finos

175 g de beicon magro sin
corteza cortado en dados

225 g de champiñones
en láminas

5 filetes de anchoa
en conserva escurridos

6 aceitunas negras
deshuesadas y cortadas
por la mitad

sal y pimienta

450 g de linguine

25 g de queso parmesano
recién rallado

preparación

1 Caliente el aceite en una sartén grande. Sofría la cebolla, el ajo y el beicon a fuego lento, removiendo de vez en cuando, hasta que la cebolla esté tierna. Añada las anchoas, los champiñones y las aceitunas; sale la salsa, si fuera necesario, condiméntela con pimienta y déjela al fuego 5 minutos más.

2 Entre tanto, en una olla grande ponga a hervir agua con poco de sal. Eche la pasta, lleve nuevamente el agua a ebullición y deje cocer los linguine de 8 a 10 minutos, o hasta que estén al dente.

3 Escurra la pasta y pásela a una fuente precalentada. Cúbrala con la salsa, remueva ligeramente y esparza el parmesano por encima. Sirva el plato enseguida.

linguine al azafrán

ingredientes

PARA 4 PERSONAS

350 g de linguine

1 pizca de hebras de azafrán

30 ml de agua

140 g de jamón cocido
   cortado en tiras

175 ml de nata espesa

50 g de parmesano
   recién rallado

sal y pimienta

2 yemas de huevo

preparación

1 En una olla grande, ponga a hervir agua con un poco de sal. Eche la pasta, espere a que vuelva a romper el hervor y deje cocer los linguine de 8 a 10 minutos, o hasta que estén al dente.

2 Entre tanto, ponga en una sartén de base gruesa el azafrán con los 30 ml de agua. Lleve el agua a ebullición, retire la sartén del fuego y deje reposar el azafrán 5 minutos.

3 Añádale el jamón, la nata y el parmesano y vuelva a poner la sartén al fuego. Salpimiente la salsa y déjela cocer a fuego lento y sin dejar de remover. Retire la sartén del fuego, añada las yemas de huevo y bátalas junto con el resto de ingredientes de la sartén. Escurra la pasta y pásela a una fuente precalentada. Añada la salsa al azafrán, mézclelo todo bien y sirva el plato enseguida.

rigatoni con salsa de jamón, tomate y guindilla

ingredientes

PARA 4 PERSONAS

1 cucharada de aceite de oliva

30 g de mantequilla

1 cebolla picada

150 g de jamón cocido cortado en dados

2 dientes de ajo picados muy finos

1 guindilla roja despepitada y picada fina

800 g de tomate troceado en su jugo, de lata

sal y pimienta

450 g de rigatoni o penne

2 cucharadas de perejil picado

6 cucharadas de parmesano recién rallado

preparación

1 En una cacerola grande, ponga a calentar el aceite y la mitad de la mantequilla a fuego medio-suave. Rehogue la cebolla 10 minutos, hasta que esté tierna y dorada. Añada el jamón y fríalo durante 5 minutos, hasta que empiece a dorarse. Incorpore el ajo, la guindilla y el tomate y salpimiente. Lleve la salsa a ebullición y déjela cocer a fuego medio-suave entre 30 y 40 minutos, hasta que se espese.

2 En una olla grande, ponga a hervir abundante agua con un poco de sal y cueza los rigatoni hasta que estén al dente. Escúrralos y páselos a una fuente de servir caliente.

3 Vierta la salsa sobre la pasta. Incorpore el perejil, el queso rallado y el resto de la mantequilla y mézclelo todo bien. Sirva el plato enseguida.

macarrones con salchicha, pepperoncini y aceitunas

ingredientes

PARA 4 PERSONAS

1 cucharada de aceite
de oliva

1 cebolla grande picada fina

2 dientes de ajo picados

450 g de salchicha de cerdo,
sin piel y troceada

3 pepperoncini en conserva,
o algún otro tipo de
guindilla roja picante,
escurridos y en tiras

400 g de tomate troceado
en su jugo, de lata

2 cucharaditas
de orégano seco

125 ml de caldo de pollo
o de vino tinto

sal y pimienta

450 g de macarrones

12-15 aceitunas negras,
deshuesadas

75 g de queso recién rallado,
como parmesano o
cheddar, para servir

preparación

1 Caliente el aceite en una sartén grande a fuego medio y fría la cebolla 5 minutos, o hasta que esté tierna. Añádale el ajo y fríalo unos segundos, hasta que empiece a adquirir color. Incorpore la salchicha y fríala hasta que esté uniformemente dorada.

2 Agregue el pepperoncini, el tomate, el orégano y el caldo. Salpimiente el contenido de la sartén, llévelo a ebullición y déjelo cocer a fuego medio unos 10 minutos, removiendo de vez en cuando.

3 En una olla grande, ponga a hervir abundante agua con un poco de sal. Eche los macarrones, deje que vuelva a romper el hervor, y cueza la pasta hasta que esté al dente. Escúrrala y pásela a una fuente de servir caliente.

4 Añada las aceitunas y la mitad del queso a la salsa y remueva hasta que éste se haya fundido. Vierta la salsa sobre los macarrones y agite la fuente para quede bien esparcida. Sirva el plato con el resto del queso rallado por encima.

garganelli con pepperoni

ingredientes

PARA 4 PERSONAS

3 cucharadas de aceite
   de oliva

1 cebolla picada

1 pimiento rojo despepitado
   y en dados

1 pimiento naranja
   despepitado y en dados

800 g de tomate troceado
   en su jugo, de lata

1 cucharada de pasta
   de tomates secados al sol

1 cucharadita de pimentón
   dulce

225 g de salchicha pepperoni
   en rodajas

2 cucharadas de perejil
   picado, y un poco más,
   para adornar

450 g de garganelli

sal y pimienta

ensalada verde y tomates
   en rama, para acompañar

preparación

1 Caliente 2 cucharadas del aceite de oliva en una sartén grande de base gruesa y sofría la cebolla a fuego suave, removiendo de vez en cuando, durante 5 minutos o hasta que esté tierna. Incorpore el pimiento, el tomate con su jugo, la pasta de tomates y el pimentón dulce, y llévelo todo a ebullición.

2 Añada el pepperoni y el perejil y salpimiente. Remueva bien la salsa, espere a que rompa el hervor, baje el fuego y déjela cocer lentamente de 10 a 15 minutos.

3 Mientras tanto, en una olla grande ponga a hervir abundante agua con un poco de sal. Eche los garganelli, deje que el agua vuelva a hervir y cueza la pasta de 8 a 10 minutos, o hasta que esté al dente. Escúrrala bien, pásela a una fuente de servir caliente, riéguela con el aceite de oliva restante y remueva. Incorpore la salsa y mézclelo todo bien. Esparza el perejil sobre el plato y sírvalo enseguida, acompañado de ensalada verde variada y de unos tomates en rama.

vermicelli con setas y chorizo

ingredientes

PARA 6 PERSONAS

680 g de vermicelli

125 ml de aceite de oliva

2 dientes de ajo

125 g de chorizo en rodajas

225 g de setas variadas

3 guindillas rojas picadas

sal y pimienta

2 cucharadas de virutas
   de parmesano fresco,
   para adornar

10 filetes de anchoa,
   para adornar

preparación

1 En una olla grande, ponga abundante agua con un poco de sal y llévela a ebullición. Eche los vermicelli, espere a que vuelva a hervir el agua y cueza la pasta de 8 a 10 minutos, o hasta que esté al dente. Escúrrala bien, pásela a una fuente de servir y manténgala caliente.

2 Entre tanto, caliente el aceite de oliva en una sartén y sofría el ajo 1 minuto. Añádale el chorizo y las setas y saltéelos 4 minutos. Por último, incorpore la guindilla picada y saltee 1 minuto más.

3 Vierta el contenido de la sartén sobre los vermicelli, salpimiéntelos y mézclelos bien. Reparta las virutas de parmesano y los filetes de anchoa por encima de la pasta y sírvala enseguida.

linguine con salsa de cordero y pimiento amarillo

ingredientes

PARA 4 PERSONAS

4 cucharadas de aceite
   de oliva
280 g de cordero deshuesado
   cortado en dados
1 diente de ajo picado fino
1 hoja de laurel
125 ml de vino blanco seco
sal y pimienta
2 pimientos amarillos
   grandes, despepitados
   y cortados en dados
4 tomates pelados
   y troceados
250 g de linguine

preparación

1 Caliente la mitad del aceite de oliva en una cacerola de base gruesa. Sofría la carne a fuego medio y removiendo a menudo, hasta que esté dorada por todos los lados. Añádale el ajo y sofríalo 1 minuto. A continuación, agréguele el laurel y el vino y salpimiente. Llévelo todo a ebullición y déjelo cocer 5 minutos, o hasta que el vino se reduzca.

2 Incorpore el resto del aceite, el pimiento y el tomate y baje el fuego. Tape la cacerola y deje que prosiga la cocción 45 minutos. Remueva de vez en cuando.

3 Mientras tanto, en una olla grande ponga abundante agua con un poco de sal y llévela a ebullición. Eche la pasta, espere a que el agua hierva de nuevo y cueza la pasta entre 8 y 10 minutos, o hasta que esté al dente. Escúrrala y pásela a una fuente precalentada. Retire el laurel de la salsa y viértala sobre los linguine. Remueva y sirva el plato enseguida.

farfalle con pollo al pesto

ingredientes

PARA 4 PERSONAS

2 cucharadas de aceite
   de oliva
4 pechugas de pollo
   deshuesadas y sin piel
350 g de farfalle
sal y pimienta
1 ramita de albahaca,
   para adornar

salsa de pesto

100 g de albahaca fresca
   cortada en tiras
125 ml de aceite de oliva
   virgen extra
3 cucharadas de piñones
3 dientes de ajo picados
50 g de parmesano recién
   rallado
2 cucharadas de queso
   pecorino romano,
   recién rallado

preparación

1 Para hacer el pesto, ponga la albahaca, el aceite de oliva, los piñones, el ajo y un buen pellizco de sal en una batidora o robot de cocina y tritúrelo hasta obtener una pasta homogénea. Pase el pesto a un bol y añádale los quesos.

2 Caliente el aceite en una sartén a fuego medio y fría las pechugas de pollo por ambos lados de 8 a 10 minutos, o hasta que el jugo que sueltan pierda el tono rosado. Córtelas en dados pequeños.

3 Cueza la pasta en abundante agua hirviendo con un poco de sal hasta que esté al dente. Escúrrala bien y pásela a una fuente de servir caliente. Añádale el pollo y el pesto, sazónela con pimienta y mézclelo todo.

4 Adorne el plato con una ramita de albahaca y sírvalo caliente.

tallarines con crema de pollo y setas shiitake

ingredientes

PARA 4 PERSONAS

25 g de setas shiitake secas

350 ml de agua caliente

1 cucharada de aceite
    de oliva

6 lonchas de beicon en dados

3 pechugas de pollo
    deshuesadas y sin piel,
    cortadas en tiras

120 g de setas shiitake
    frescas en láminas

1 cebolla pequeña picada

1 cucharadita de orégano
    o mejorana frescos
    picados finos

275 ml de caldo de pollo

300 ml de nata espesa

sal y pimienta

450 g de tallarines

50 g de parmesano recién
    rallado

perejil picado, para adornar

preparación

1 Ponga a remojar las setas secas en el agua caliente durante 30 minutos, o hasta que se ablanden. Sáquelas y estrújelas sobre el bol para recoger el exceso de agua. Cuele el líquido con un colador fino y resérvelo. Corte las setas en láminas, descartando los tallos leñosos.

2 Caliente el aceite en una sartén grande a fuego medio y saltee el beicon y el pollo durante 3 minutos. Añádales todas las setas, la cebolla y el orégano. Saltee las verduras con el pollo de 5 a 7 minutos, o hasta que estén tiernas. Vierta el caldo y el agua de las setas reservado. Lleve la salsa a ebullición, baje el fuego al mínimo y déjela cocer 10 minutos, o hasta que se reduzca. Remuévala de vez en cuando. Incorpore la nata espesa y, removiendo, prosiga con la cocción 5 minutos más, o hasta que empiece a espesarse. Salpimiente la salsa, retire la sartén del fuego y resérvela.

3 Cueza la pasta en abundante agua hirviendo con un poco de sal hasta que esté al dente. Escúrrala y pásela a una fuente de servir. Vierta la salsa sobre los tallarines, écheles la mitad del parmesano y mézclelo todo bien. Esparza el perejil picado por encima del plato y sírvalo con el resto de parmesano.

pappardelle con pollo y boletos

ingredientes

PARA 4 PERSONAS

40 g de boletos secos

175 ml de agua caliente

800 g de tomate troceado
    en su jugo, de lata

1 guindilla roja despepitada
    y picada

3 cucharadas de aceite
    de oliva

350 g de pollo deshuesado,
    sin piel y en tiras finas

2 dientes de ajo picados finos

350 g de pappardelle

sal y pimienta

2 cucharadas de perejil
    picado, para adornar

preparación

1 Ponga los boletos en un bol con el agua caliente y déjelos 30 minutos en remojo. Mientras tanto, coloque el tomate con su jugo en una cacerola de base gruesa y cháfelo con una cuchara de madera. Añádale luego la guindilla y remueva. Llévelo todo a ebullición y cuézalo a fuego lento, removiendo de vez en cuando, 30 minutos o hasta que se haya reducido.

2 Con una espumadera, retire los boletos del agua y reserve el líquido del remojo. Cuélelo sobre la salsa de tomate con un colador forrado con muselina y prosiga la cocción otros 15 minutos. Entre tanto, caliente 2 cucharadas de aceite en una sartén y fría el pollo, removiendo a menudo, hasta que esté dorado y tierno. Agregue los boletos y el ajo y prosiga la cocción unos 5 minutos más.

3 Mientras se dora el pollo, ponga a hervir en una olla grande agua con un poco de sal. Eche la pasta, espere a que vuelva a romper el hervor y cuézala de 8 a 10 minutos, o hasta que esté al dente. Escúrrala, pásela a una fuente de servir caliente, rocíela con el aceite de oliva restante y mézclala bien. Incorpore el pollo con boletos a la salsa de tomate, salpimiente y viértalo todo sobre la pasta. Esparza el perejil por encima y sirva el plato enseguida.

farfalle con pollo, brécol y pimientos asados

ingredientes

PARA 4 PERSONAS

4 cucharadas de aceite
   de oliva
70 g de mantequilla
3 dientes de ajo picados
   muy finos
450 g de pechuga de pollo
   deshuesada y sin piel,
   cortada en dados
$1/4$ de cucharadita de copos
   de guindilla
sal y pimienta
450 g de ramitos de brécol
300 g de farfalle o fusilli
175 g de pimientos rojos
   asados en conserva,
   escurridos y en dados
250 ml de caldo de pollo
parmesano recién rallado,
   para servir (opcional)

preparación

1 En una olla grande, ponga a hervir abundante agua con un poco de sal. Mientras, en una sartén grande de base gruesa caliente el aceite y la mantequilla a fuego medio-suave y sofría el ajo hasta que empiece a dorarse.

2 Agréguele el pollo y saltéelo a fuego medio de 4 a 5 minutos, o hasta que pierda el tono rosado. Condiméntelo con los copos de guindilla, sal y pimienta, remueva y aparte la sartén del fuego.

3 Sumerja el brécol en el agua hirviendo y escáldelo 2 minutos, o hasta que esté tierno pero firme. Retírelo con una espumadera y resérvelo. Vuelva a llevar el agua a ebullición, eche la pasta y cuézala al dente. Escúrrala e incorpórela a la sartén donde está el pollo. Añada también el brécol y los pimientos asados y, a continuación, vierta el caldo. Removiendo a menudo, déjelo cocer todo a fuego medio-alto hasta que se haya evaporado casi todo el líquido.

4 Sirva el plato enseguida. Si lo desea, puede espolvorearlo con el parmesano.

espaguetis con pollo al perejil

ingredientes

PARA 4 PERSONAS

1 cucharada de aceite
   de oliva
la mondadura fina de 1 limón
   cortada en juliana
1 cucharadita de jengibre
   picado fino
1 cucharadita de azúcar
sal
250 ml de caldo de pollo
250 g de espaguetis
60 g de mantequilla
225 g de pechuga de pollo
   deshuesada y sin piel,
   cortada en dados
1 cebolla roja picada fina
2 puñados de hojas de perejil

preparación

1 Caliente el aceite en un cacerola grande de base gruesa. Reserve algunas tiras de la piel de limón y sofría el resto a fuego lento, removiendo a menudo, unos 5 minutos. Añádale el jengibre, el azúcar y sal, y sofríalo todo unos 2 minutos sin dejar de remover. A continuación, vierta el caldo de pollo, llévelo a ebullición y déjelo cocer 5 minutos, o hasta que se haya reducido a la mitad.

2 Entre tanto, en una olla grande ponga a hervir abundante agua con un poco de sal. Eche la pasta, lleve de nuevo el agua a ebullición y cueza los espaguetis entre 8 y 10 minutos, o hasta que estén al dente.

3 Mientras, derrita la mitad de la mantequilla en una sartén. Añada el pollo y la cebolla y sofríalos, removiendo a menudo, 5 minutos, o hasta que la carne esté ligeramente dorada. Agregue la mezcla de limón y jengibre, remueva y sofría 1 minuto más. Incorpore el perejil y siga sofriéndolo todo 3 minutos, removiendo constantemente.

4 Escurra bien la pasta y pásela a una fuente precalentada. Échele la mantequilla restante y remueva. Vierta el sofrito sobre la pasta, mézclelo todo bien y sirva el plato adornado con las tiras de limón reservadas.

fettuccine con pollo en salsa cremosa de cebolla

ingredientes

PARA 4 PERSONAS

1 cucharada de aceite
   de oliva

30 g de mantequilla

1 diente de ajo picado
   muy fino

4 pechugas de pollo
   deshuesadas y sin piel

sal y pimienta

1 cebolla picada fina

1 cubito de caldo de pollo
   desmenuzado

125 ml de agua

300 ml de nata espesa

175 ml de leche

6 cebolletas, con la parte
   verde, cortadas en rodajas
   al bies

35 g de parmesano recién
   rallado

450 g de fettuccine

perejil picado, para adornar

preparación

1 En una sartén grande, caliente el aceite y la mantequilla a fuego medio-bajo y fría el ajo hasta que empiece a dorarse. Añada las pechugas, suba el fuego y fríalas de 4 a 5 minutos por cada lado, o hasta que el jugo que sueltan pierda el tono rosado. Salpimiéntelas. Aparte la sartén del fuego, retire las pechugas y reserve el aceite. Corte las pechugas en tajadas al bies y resérvelas.

2 Recaliente el aceite de la sartén y rehogue la cebolla a fuego suave 5 minutos, o hasta que esté tierna. Añada el cubito de caldo y el agua, llévela a ebullición y deje que prosiga la cocción a fuego lento durante 10 minutos. Vierta entonces la nata espesa y la leche, e incorpore la cebolleta y el parmesano. Remueva la salsa y déjela cocer a fuego lento hasta que esté caliente y se haya espesado un poco.

3 Cueza los fettuccine en abundante agua hirviendo con un poco de sal hasta que estén al dente. Escúrralos y páselos a una fuente de servir caliente. Disponga el pollo sobre la pasta y riéguelo con la salsa. Por último, espolvoree el plato con el perejil picado y sírvalo.

raviolis de pollo con crema de setas

ingredientes

PARA 4 PERSONAS

120 g de pechuga de pollo
   deshuesada, sin piel,
   cocida y troceada
50 g de espinacas cocidas
50 g de jamón curado troceado
1 chalote troceado
6 cucharadas de queso
   pecorino romano
   recién rallado
1 pizca de nuez moscada
   recién rallada
2 huevos batidos
sal y pimienta
225 g de masa para pasta
   (*véase* abajo)
300 ml de nata espesa
2 dientes de ajo picados finos
120 g de setas chinas en
   láminas finas
2 cucharadas de albahaca
   en tiras finas
ramitas de albahaca,
   para adornar

masa para pasta

200 g de harina, y un poco
   más para espolvorear
1 pizca de sal
2 huevos ligeramente batidos
1 cucharada de aceite
   de oliva

preparación

1 Para hacer la masa, tamice la harina sobre el recipiente de una batidora. Añádale la sal, los huevos y el aceite y mézclelos hasta que empiecen a ligarse. Espolvoree una superficie con harina y trabaje la mezcla con las manos hasta lograr una masa fina. Cúbrala y déjela reposar por lo menos 30 minutos.

2 Pique bien el pollo, las espinacas, el jamón y el chalote. Pase la mezcla a un bol, añádale 2 cucharadas del queso, la nuez moscada y la mitad del huevo y sazone.

3 Divida la masa en dos partes y extiéndalas sobre la superficie enharinada. Distribuya montoncitos de relleno sobre una lámina formando hileras separadas 4 cm entre sí y pinte los espacios vacíos con huevo. Cúbrala con la otra lámina de masa, presione entre los montones para eliminar el aire y corte la masa en cuadrados. Déjelos reposar 1 hora sobre un paño de cocina enharinado.

4 Cueza los raviolis 5 minutos en agua hirviendo con un poco de sal. Déjelos escurrir sobre papel de cocina y páselos a una fuente caliente.

5 Hierva en un cazo la nata y el ajo, baje el fuego y déjelos cocer 1 minuto. Añada las setas y 2 cucharadas de queso, salpimiente la salsa y cuézala 3 minutos. Añada la albahaca, cubra los raviolis con la salsa y el queso restante y sírvalos.

tortellini de pollo

ingredientes

PARA 4 PERSONAS

120 g de pechuga de pollo
   deshuesada y sin piel

50 g de jamón curado

40 g de espinacas cocidas,
   bien escurridas

1 cucharada de cebolla
   picada fina

2 cucharadas de parmesano
   recién rallado

1 pizca de pimienta inglesa
   molida

1 huevo batido

sal y pimienta

450 g de masa para pasta
   (*véase* pág. 86)

2 cucharadas de perejil
   picado, para adornar

salsa

300 ml de nata líquida

2 dientes de ajo majados

120 g de champiñones
   en láminas

sal y pimienta

4 cucharadas de parmesano
   recién rallado

preparación

1 En una cacerola grande, lleve a ebullición agua con un poco de sal. Sumerja el pollo y escálfelo unos 10 minutos. Déjelo entibiar y, a continuación, píquelo en un robot de cocina junto con el jamón, las espinacas y la cebolla. Agregue el parmesano, la pimienta inglesa y el huevo, y salpimiente la mezcla.

2 Extienda bien la masa con el rodillo y córtela en redondeles de 4 o 5 cm. Disponga $\frac{1}{2}$ cucharadita de relleno en el centro de cada redondel, dóblelos por la mitad y presione los bordes para sellar el relleno; a continuación, enrósqueselos, de uno en uno, alrededor del dedo índice, solape los extremos y curve el resto de la pasta hacia atrás, formando algo así como un ombligo. Extienda los restos de masa con el rodillo y repita la operación hasta agotar toda la masa.

3 En una olla grande, ponga a hervir agua con un poco de sal. Eche los tortellini, deje que vuelva a hervir el agua y cuézalos 5 minutos. Escúrralos y páselos a una fuente de servir.

4 Para preparar la salsa, en un cazo ponga la nata líquida y el ajo, llévelos a ebullición y déjelos a fuego suave unos 3 minutos. Incorpore los champiñones y la mitad del queso, salpimiente la salsa y cuézala a fuego lento 2 o 3 minutos. Vierta la salsa sobre los tortellini, espolvoréelos con el resto del parmesano, adorne el plato con el perejil y sírvalo.

pescado
y marisco

La combinación de pasta y pescado o marisco da lugar a platos elegantes y delicados, ideales para cenas entre semana y almuerzos festivos. Aun en el caso de recetas que requieren un tipo de pasta consistente, como las Mafalde con salmón y gambas, los Fusilli con rape y brécol o la Pasta primavera, terminará la comida sintiéndose satisfecho y sin sobrecargar el estómago.

Con los ingredientes habituales de la despensa puede preparar Conchiglie con atún, ajo, limón, alcaparras y aceitunas, y si, además, tiene una maceta con perejil en la ventana, podrá darle un toque de frescura a este plato en cualquier momento. Los Fettuccine a la bucanera, los Linguine con salmón ahumado y ruqueta, los Raviolis de cangrejo y los Fettuccine con vieiras en salsa cremosa de boletos añaden una nota de sofisticación: son tan apetitosos que casi da apuro comerlos. Y si prefiere el marisco, pruebe el Surtido de marisco con fideos cabello de ángel, los Espaguetis con almejas, los Tallarines y mejillones al vino blanco con ajo y perejil o los Pasta con marisco a la papillote, que puede servir en el mismo papel de la cocción.

La comida de fusión es muy popular, y un buen ejemplo de ello son los Fusilli con salsa cajún de marisco, un delicioso manjar transcultural.

fettuccine a la bucanera

ingredientes

85 g de harina

sal y pimienta

450 g de filetes de lenguado
    sin piel y troceados

450 g de filetes de rape
    sin piel y troceados

85 g de mantequilla sin sal

4 chalotes picados finos

2 dientes de ajo majados

1 zanahoria en daditos

1 puerro picado fino

300 ml de caldo de pescado

300 ml de vino blanco seco

2 cucharaditas de esencia
    de anchoas

1 cucharada de vinagre
    balsámico

450 g de fettuccine

perejil picado, para adornar

preparación

1 Sazone la harina con sal y pimienta y esparza 2 cucharadas de ésta en un plato. Reboce en la harina los trozos de pescado, sacudiéndolos para eliminar el exceso. Derrita la mantequilla en una cacerola de base gruesa. Eche el pescado, el chalote, el ajo, la zanahoria y el puerro, y sofríalo todo 10 minutos a fuego lento, removiendo con frecuencia. Espolvoréelo bien con la harina sazonada sobrante y déjelo cocer durante 1 minuto, removiendo sin cesar.

2 Vierta en una jarra el caldo de pescado, el vino, la esencia de anchoas y el vinagre balsámico, y vaya regando el pescado con esta mezcla. Sin dejar de remover, llévelo a ebullición y déjelo cocer a fuego lento 35 minutos.

3 Entre tanto, en una olla grande ponga a hervir abundante agua con un poco de sal. Eche la pasta, lleve de nuevo el agua a ebullición y cuézala entre 8 y 10 minutos, o hasta que esté al dente. Escúrrala y pásela a una fuente precalentada. Vierta el pescado con las verduras sobre la pasta, adórnela con el perejil picado y sírvala enseguida.

linguine con salmón ahumado y ruqueta

ingredientes

PARA 4 PERSONAS

350 g de linguine

2 cucharadas de aceite
   de oliva

1 diente de ajo picado fino

120 g de salmón ahumado
   cortado en tiras finas

50 g de ruqueta

sal y pimienta

2 limones partidos por
   la mitad, para adornar

preparación

1 En una olla grande, ponga a hervir agua con un poco de sal. Eche la pasta, espere a que vuelva a romper el hervor y cueza los linguine entre 8 y 10 minutos, o hasta que estén al dente.

2 Poco antes de que finalice la cocción de los linguine, caliente el aceite en una sartén de base gruesa y sofría el ajo a fuego suave durante 1 minuto, removiendo constantemente y sin dejar que llegue a dorarse para que no amargue. Incorpore el salmón y la ruqueta. Salpimiente y cueza, sin dejar de remover, 1 minuto y retire la sartén del fuego.

3 Escurra la pasta y pásela a una fuente de servir caliente. Añádale el salmón y la ruqueta, remuévala ligeramente y sírvala adornada con el limón.

conchiglie con salsa de salmón ahumado, nata agria y mostaza

ingredientes

PARA 4 PERSONAS

450 g de conchiglie
   o de tallarines
300 ml de nata agria
2 cucharaditas de mostaza
   de Dijon
4 cebolletas grandes
   en rodajas finas
225 g de salmón ahumado,
   cortado en trozos del
   tamaño de un bocado
la raspadura fina de ½ limón
pimienta
2 cucharadas de cebollino
   fresco picado, y algunas
   hojas enteras, para
   adornar

preparación

1 En una cacerola grande, cueza la pasta en abundante agua hirviendo con sal hasta que esté al dente. Escúrrala y vuelva a ponerla en la cacerola. Añádale la nata agria, la mostaza, la cebolleta, el salmón ahumado y la raspadura de limón. Remueva a fuego suave hasta que todos los ingredientes estén calientes y sazone con pimienta.

2 Pase la mezcla a una fuente y esparza el cebollino picado por encima. Sirva el plato caliente o a temperatura ambiente, y adórnelo con el cebollino.

mafalde con salmón y gambas

ingredientes

PARA 4 PERSONAS

350 g de salmón

ramitas de eneldo fresco,
    y un poco más para
    adornar

125 ml de vino blanco seco

sal y pimienta

6 tomates pelados y picados

150 ml de nata espesa

350 g de mafalde, tallarines
    o fettuccine

120 g de gambas cocidas
    y peladas

preparación

1 Ponga el salmón en una sartén grande de base gruesa. Añada unas ramitas de eneldo, vierta el vino y salpimiente. Llévelo a ebullición y déjelo cocer a fuego lento 5 minutos, o hasta que el pescado se desmenuce con facilidad. Saque el salmón con una espátula, reservando el líquido de la cocción, y déjelo que se enfríe un poco. Retírele la piel y cualquier posible espina, y córtelo en trozos grandes.

2 Incorpore el tomate y la nata al líquido reservado. Llévelo a ebullición y déjelo cocer a fuego lento 15 minutos, o hasta que se espese.

3 Entre tanto, en una olla grande ponga a hervir abundante agua con un poco de sal. Eche la pasta, lleve de nuevo el agua a ebullición y cueza los mafalde de 8 a 10 minutos, o hasta que estén al dente. Escúrralos bien y páselos a una fuente precalentada.

4 Añada el salmón y las gambas al tomate y, procurando no romper el pescado, remueva para impregnarlos bien de la salsa. Eche el contenido de la sartén sobre la pasta y remueva ligeramente. Sirva el plato adornado con unas ramitas de eneldo.

guiso italiano de pescado con ziti

ingredientes

PARA 4 PERSONAS

1 pizca de hebras de azafrán

1 litro de caldo de pescado

60 g de mantequilla

450 g de salmonete,
    cortado en tajadas finas

12 vieiras preparadas

12 langostinos tigre pelados
    y sin el hilo intestinal

225 g de gambas peladas
    y sin el hilo intestinal

sal y pimienta

la raspadura fina y el zumo
    de 1/2 limón

150 ml de vinagre de vino
    blanco

150 ml de vino blanco

150 ml de nata espesa

3 cucharadas de perejil
    picado

450 g de ziti

preparación

1 En un bol, ponga a remojar el azafrán con 3 cucharadas de caldo de pescado. Derrita la mantequilla en una cacerola grande de base gruesa. Eche el salmonete, las vieiras, los langostinos y las gambas. Removiendo con frecuencia, cuézalo todo a fuego lento entre 3 y 5 minutos, o hasta que las gambas y los langostinos cambien de color. Salpimiente el pescado y el marisco y agréguele la raspadura y el zumo de limón. Páselo a una fuente y manténgalo caliente.

2 Vierta el caldo restante en la cacerola y añádale el azafrán y el líquido del remojo. Llévelo a ebullición y déjelo cocer hasta que se reduzca aproximadamente en un tercio. Riéguelo con el vinagre y déjelo hervir otros 4 minutos. Incorpore el vino blanco y téngalo al fuego unos 5 minutos más, o hasta que el líquido se haya reducido y espesado. Añádale la nata y el perejil, salpimiente y déjelo cocer a fuego lento 2 minutos más.

3 Entre tanto, en una olla grande ponga a hervir agua con un poco de sal. Eche los ziti, lleve de nuevo el agua a ebullición y cuézalos 8 o 10 minutos, o hasta que estén al dente. Escúrralos y páselos a una fuente. Disponga el pescado y el marisco sobre la pasta, viértales la salsa por encima y sírvalos enseguida.

fusilli con rape y brécol

ingredientes

PARA 4 PERSONAS

120 g de brécol en ramitos

3 cucharadas de aceite
   de oliva

350 g de rape sin piel
   y en trozos pequeños

2 dientes de ajo majados

sal y pimienta

125 ml de vino blanco seco

225 ml de nata espesa

400 g de fusilli

85 g de gorgonzola cortado
   en dados

preparación

1 Divida los ramitos de brécol en trozos muy pequeños. Escalde el brécol 2 minutos en agua hirviendo con un poco de sal, escúrralo y refrésquelo bajo el chorro de agua fría.

2 Caliente el aceite en una sartén grande de base gruesa. Eche el rape y el ajo y salpimiéntelo. Cueza el pescado unos 5 minutos, o hasta que esté opaco, removiéndolo con frecuencia. Vierta el vino y la nata y déjelo cocer otros 5 minutos, o hasta que el rape esté bien hecho y la salsa se haya espesado. Incorpore el brécol y remueva.

3 En una olla grande, ponga a hervir abundante agua con un poco de sal. Añada la pasta, vuelva a llevar el agua a ebullición y déjela cocer entre 8 y 10 minutos, o hasta que esté al dente. Escurra los fusilli y páselos a la sartén, con el pescado. Incorpore el queso, remueva con cuidado y sirva.

penne con calamares y tomate

ingredientes

PARA 4 PERSONAS

225 g de penne

350 g de calamares limpios

6 cucharadas de aceite
   de oliva

2 cebollas en rodajas

225 ml de caldo de pescado
   o de pollo

150 ml de vino tinto

400 g de tomate troceado
   en su jugo, de lata

2 cucharadas de concentrado
   de tomate

1 cucharada de mejorana
   fresca picada

1 hoja de laurel

sal y pimienta

2 cucharadas de perejil
   picado

preparación

1 En una olla grande, ponga a hervir agua con un poco de sal. Eche la pasta, lleve de nuevo el agua a ebullición y déjela cocer 3 minutos. Escúrrala bien y resérvela hasta que la necesite. Corte el calamar en anillas con un cuchillo afilado.

2 Caliente el aceite en una fuente refractaria o en una cacerola. Añada la cebolla y sofríala a fuego lento, removiendo de vez en cuando, durante 5 minutos o hasta que esté tierna. Agregue el calamar y el caldo de pescado, llévelo a ebullición y déjelo cocer a fuego lento 3 minutos. Incorpore el vino, el tomate troceado con su jugo, el concentrado de tomate, la mejorana y el laurel. Salpimiente y remueva. Lleve la salsa a ebullición y déjela cocer 5 minutos, o hasta que se reduzca ligeramente.

3 Añada la pasta, deje que la salsa rompa a hervir y cuézala a fuego lento de 5 a 7 minutos, hasta que quede al dente. Retire y deseche la hoja de laurel, agregue el perejil y sirva enseguida.

conchiglie con atún, ajo, limón, alcaparras y aceitunas

ingredientes

PARA 4 PERSONAS

350 g de conchiglie
   o de gnocchi
4 cucharadas de aceite
   de oliva
60 g de mantequilla
3 dientes de ajo grandes
   cortados en láminas finas
200 g de atún en conserva,
   escurrido y desmenuzado
2 cucharadas de zumo
   de limón
1 cucharada de alcaparras
   escurridas
10-12 aceitunas negras
   deshuesadas y cortadas
   en rodajas
2 cucharadas de perejil
   picado
hojas de ensalada variada,
   para acompañar

preparación

1 En una olla grande, ponga abundante agua a hervir con un poco de sal y cueza las conchiglie hasta que estén al dente. Escúrralas y vuelva a ponerlas en la cazuela.

2 En una sartén, caliente a fuego medio-bajo el aceite y la mitad de la mantequilla y fría el ajo unos segundos, hasta que empiece a tomar color. Baje el fuego y añada el atún, el zumo de limón, las alcaparras y las aceitunas. Remueva con suavidad hasta que esté todo bien caliente.

3 Pase las conchiglie a una fuente caliente y viértales la mezcla anterior por encima. Añada el perejil y el resto de la mantequilla, remueva, y sirva el plato acompañado de la ensalada variada.

espaguetis con salsa de atún y perejil

ingredientes

PARA 4 PERSONAS

500 g de espaguetis
25 g de mantequilla
ramitas de perejil, para adornar
aceitunas negras, para
    acompañar (opcional)

salsa

200 g de atún en conserva,
    escurrido
50 g de anchoas en conserva,
    escurridas
250 ml de aceite de oliva
50 g de perejil troceado
150 ml de nata agria o yogur
sal y pimienta

preparación

1 En una olla grande, ponga a hervir abundante agua con un poco de sal. Eche los espaguetis, deje que vuelva a hervir el agua y cuézalos de 8 a10 minutos, hasta que estén al dente. Escúrralos y páselos a una cacerola de base gruesa. Añádales la mantequilla y mezcle bien. Mantenga la pasta caliente hasta que la necesite.

2 Desmenuce el atún con 2 tenedores. Póngalo en una batidora o robot de cocina junto con las anchoas, el aceite de oliva y el perejl y tritúrelo hasta obtener una salsa suave. Agregue la nata agria o el yogur y triture unos segundos más. Pruebe la salsa y rectifíquela de sal y pimienta si fuera necesario.

3 Caliente 4 platos. Agite la cacerola con los espaguetis sobre el fogón a fuego medio hasta que estén bien calientes.

4 Vierta la salsa sobre la pasta y remuévala con 2 tenedores. Sirva los espaguetis enseguida acompañados de un platito de aceitunas negras, si lo desea.

linguine alla puttanesca

ingredientes

PARA 4 PERSONAS

450 g de tomates pera

3 cucharadas de aceite
de oliva

2 dientes de ajo picados finos

10 filetes de anchoa
escurridos y picados

140 g de aceitunas negras
deshuesadas y troceadas

1 cucharada de alcaparras
enjuagadas

1 pizca de cayena molida

400 g de linguine

sal

2 cucharadas de perejil
picado, para adornar

pan de barra, para acompañar

preparación

1 Haga un corte en forma de cruz en la base de los tomates y escáldelos en agua hirviendo durante 35 o 45 segundos. A continuación, escúrralos, sumérjalos en agua fría y pélelos. Despepítelos y córtelos en dados.

2 Caliente el aceite de oliva en una cacerola de base gruesa y sofría el ajo a fuego lento, removiendo con frecuencia, 2 minutos. Añada las anchoas y cháfelas con un tenedor. Incorpore las aceitunas, las alcaparras y el tomate, y sazone con la cayena. Tape la cacerola y deje cocer la salsa a fuego lento 25 minutos.

3 Mientras tanto, en una olla grande lleve abundante agua con un poco de sal a ebullición. Eche la pasta, deje que vuelva a hervir el agua y cueza los linguine de 8 a 10 minutos o hasta que estén al dente. Escúrralos y páselos a una fuente de servir caliente.

4 Añada la salsa de anchoas a la pasta y mézclelas bien con 2 tenedores. Adorne el plato con el perejil y sírvalo enseguida, acompañado de pan.

fettuccine con espinacas y anchoas

ingredientes

PARA 4 PERSONAS

900 g de espinacas tiernas

400 g de fettuccine

5 cucharadas de aceite
   de oliva

3 cucharadas de piñones

3 dientes de ajo majados

8 filetes de anchoa
   en conserva escurridos
   y troceados

preparación

1 Retire la parte dura de los tallos de las espinacas. Lave las hojas bajo el chorro de agua fría y póngalas en una olla. Tápela y cueza las espinacas sólo con el agua que han retenido a fuego vivo hasta que estén tiernas, pero manteniendo su color. Vaya agitando la olla de vez en cuando. A continuación, escúrralas bien, resérvelas y manténgalas calientes.

2 En una olla grande, hierva abundante agua con un poco de sal. Eche los fettuccine, deje que vuelva a hervir el agua y cuézalos de 8 a 10 minutos, hasta que estén al dente.

3 Caliente 4 cucharadas del aceite de oliva en una cacerola y fría los piñones hasta que estén dorados. Retírelos y resérvelos.

4 Dore el ajo en la misma cacerola y añádale las anchoas y las espinacas. Déjelo todo unos 2 o 3 minutos, removiendo, o hasta que esté bien caliente. Incorpore los piñones de nuevo.

5 Escurra la pasta, riéguela con el resto del aceite y pásela a una fuente precalentada. Distribuya la mezcla de anchoas y espinacas sobre los fettuccine, remueva con cuidado y sírvalos enseguida.

raviolis de cangrejo

ingredientes

PARA 4 PERSONAS

6 cebolletas

350 g de carne de cangrejo
	cocida y picada

2 cucharaditas de jengibre
	picado

$1/8$-$1/4$ de cucharadita de salsa
	de guindilla o de tabasco

700 g de tomates pelados,
	despepitados y troceados

1 diente de ajo picado fino

1 cucharada de vinagre
	de vino blanco

225 g de masa para pasta
	(*véase* abajo)

1 huevo batido para pintar

2 cucharadas de nata espesa

sal

tiras finas de cebolleta,
	para adornar

masa para pasta

200 g de harina, y un poco
	más para espolvorear

1 pizca de sal

2 huevos ligeramente batidos

1 cucharada de aceite
	de oliva

preparación

1 Tamice la harina sobre el recipiente de una batidora. Añádale la sal, los huevos y el aceite y mézclelos hasta que empiece a formarse una masa. Espolvoree la superficie de trabajo con harina y amase la mezcla con las manos hasta lograr una masa fina. Cúbrala y déjela reposar 30 minutos como mínimo.

2 Pique las cebolletas, la parte verde por un lado y la blanca, por otro. En un bol, mezcle la parte verde con el cangrejo, el jengibre y la salsa de guindilla. Tape el relleno con film transparente y déjelo en el frigorífico.

3 Haga un puré con los tomates y páselo a un cazo. Añada el ajo, el vinagre y la parte blanca de la cebolleta. Deje que rompa el hervor, baje el fuego y cueza la salsa 10 minutos. Retírela y resérvela caliente.

4 Divida la masa en dos partes y extiéndalas por separado sobre una encimera enharinada. Distribuya montoncitos de relleno sobre una lámina de masa formando hileras separadas 4 cm entre sí. Pinte los espacios vacíos con el huevo y cúbrala con la otra lámina. Presione entre los montoncitos para eliminar el aire, corte la masa en cuadrados y déjelos reposar 1 hora sobre un paño enharinado.

5 Cueza los raviolis 5 minutos en agua hirviendo con un poco de sal, escúrralos y páselos a una fuente. Añada la nata a la salsa, viértala sobre la pasta y adorne el plato con la cebolleta.

espaguetis con almejas

ingredientes

PARA 4 PERSONAS

1 kg de almejas

175 ml de agua

175 ml de vino blanco seco

350 g de espaguetis

5 cucharadas de aceite
  de oliva

2 dientes de ajo picados finos

4 cucharadas de perejil
  picado

sal y pimienta

preparación

1 Lave bien las almejas bajo el chorro de agua fría y deseche las que estén rotas y las que no se abran al darles un golpe seco. Póngalas en una cacerola, añada el agua y el vino, y cuézalas a fuego vivo, agitando el recipiente de vez en cuando, durante 5 minutos o hasta que se hayan abierto.

2 Retírelas con una espumadera y déjelas que se enfríen ligeramente. Forre un colador con muselina y cuele el líquido de la cocción sobre un cazo. Llévelo a ebullición, déjelo reducirse a la mitad y retírelo del fuego. Mientras tanto, deseche las almejas que no se hayan abierto, extraiga el resto de las valvas y resérvelas.

3 En una olla grande, ponga a hervir abundante agua con un poco de sal. Eche la pasta, deje que el agua vuelva a hervir y cueza los espaguetis de 8 a 10 minutos, o hasta que estén al dente.

4 Mientras tanto, caliente el aceite de oliva en una sartén grande de base gruesa y sofría el ajo 2 minutos, removiendo a menudo. Añada el perejil y el líquido de la cocción reducido, y déjelo cocer todo a fuego suave.

5 Escurra la pasta y pásela a la sartén junto con las almejas. Salpimiente y póngalo al fuego, removiendo sin cesar, 4 minutos, o hasta que todo esté bien mezclado y las almejas, calientes. Páselo a una fuente y sírvalo.

tallarines y mejillones al vino blanco con ajo y perejil

ingredientes

PARA 4 PERSONAS

2 kg de mejillones

1 cebolla grande picada

3 dientes de ajo picados

550 ml de vino blanco seco

1 hoja de laurel

2 ramitas de tomillo fresco

5 cucharadas de perejil
   picado

1 cucharada de romero
   fresco picado

60 g de mantequilla

sal y pimienta

450 g de tallarines o de algún
   otro tipo de pasta similar

preparación

1 Raspe los mejillones y desbárbelos bajo el chorro de agua. Enjuáguelos y deseche los que estén rotos o los que no se cierren al darles un golpecito.

2 Ponga la cebolla, el ajo, el vino blanco, las hierbas y la mitad de la mantequilla en una cacerola. Llévelo todo a ebullición y después baje el fuego. Incorpore los mejillones, salpimiente y tape. Déjelos cocer a fuego medio entre 3 y 4 minutos, agitando la cacerola, hasta que se abran. Retírelos del fuego, sáquelos con una espumadera y reserve el líquido de la cocción. Deseche los mejillones que permanezcan cerrados y extraiga el resto de las valvas, reservando algunos enteros para adornar.

3 Cueza los tallarines al dente, escúrralos y distribúyalos en 4 platos individuales. Disponga los mejillones sobre la pasta. Cuele el líquido de la cocción de los mejillones y vuelva a echarlo a la cacerola. Añádale el resto de la mantequilla y caliéntelo hasta que ésta se haya derretido. Viértalo sobre la pasta, adórnela con los mejillones enteros reservados y sírvala enseguida.

surtido de marisco con fideos cabello de ángel

ingredientes

PARA 4 PERSONAS

1 calamar limpio de 85 g

1 cucharadita de fécula
   de maíz

1 cucharada de agua

1 clara de huevo

4 vieiras limpias y en rodajas

85 g de langostinos pelados
   y sin el hilo intestinal

sal

350 g de fideos cabello
   de ángel

3 cucharadas de aceite
   de cacahuete

50 g de tirabeques

1 cucharada de salsa de soja
   oscura

1 cucharada de jerez seco

1/2 cucharadita de azúcar
   moreno claro

2 cebolletas cortadas en tiras

preparación

1 Abra el calamar y, con un cuchillo afilado, trace una cuadrícula en su interior. Córtelo en cuadrados de unos 2 cm, póngalos en un bol y cúbralos con agua hirviendo. Cuando los trozos de calamar se hayan enroscado, escúrralos y sumérjalos en agua fría. En un bol aparte, mezcle la fécula de maíz y el agua hasta obtener una pasta homogénea. Añádale la mitad de la clara de huevo y vuelva a mezclar. Reboce las vieiras y los langostinos con esta mezcla.

2 En una olla grande, ponga a hervir abundante agua con un poco de sal. Eche la pasta, lleve de nuevo el agua a ebullición y déjela cocer durante 5 minutos, o hasta que esté al dente.

3 Entre tanto, precaliente un wok o una sartén de base gruesa. Caliente el aceite y saltee en él los tirabeques, el calamar, las vieiras y los langostinos durante 2 minutos. Incorpore la salsa de soja, el jerez, el azúcar y la cebolleta, y cuézalo todo durante 1 minuto, sin dejar de remover. Escurra los fideos y repártalos en 4 boles precalentados. Distribuya el marisco por encima de la pasta y sirva.

espaguetis con marisco

ingredientes

PARA 4 PERSONAS

225 g de espaguetis,
    en trozos de 15 cm
1 cucharada de aceite
    de oliva
300 ml de caldo de pollo
1 cucharadita de zumo
    de limón
1 coliflor pequeña en ramitos
2 zanahorias cortadas
    en rodajas finas
125 g de tirabeques
50 g de mantequilla
1 cebolla cortada en rodajas
225 g de calabacines cortados
    en rodajas finas
1 diente de ajo picado
350 g de gambas peladas,
    descongeladas con
    antelación si fueran
    congeladas
sal y pimienta
2 cucharadas de perejil
    picado
25 g de parmesano recién
    rallado
$1/2$ cucharadita de pimentón
    dulce
4 gambas con cáscara,
    para adornar (opcional)
pan de barra, para acompañar

preparación

1 En una cacerola grande de base gruesa, ponga a hervir agua con un poco de sal. Eche la pasta, deje que el agua hierva de nuevo y cueza los espaguetis de 8 a 10 minutos, hasta que estén al dente. Escúrralos y póngalos de nuevo en la cacerola. Añada el aceite de oliva, tape el recipiente y mantenga la pasta caliente.

2 En una olla, lleve el caldo y el zumo de limón a ebullición y hierva la coliflor y la zanahoria de 3 a 4 minutos, hasta que estén tiernas. Retírelas con una espumadera y resérvelas. Cueza ahora los tirabeques de 1 a 2 minutos, hasta que empiecen a ablandarse. Retírelos y apártelos con el resto de verduras. Reserve el caldo para otros usos, si lo desea.

3 Derrita la mitad de la mantequilla en una sartén a fuego medio y fría la cebolla y el calabacín 3 minutos. Añada el ajo y las gambas y déjelos de 2 a 3 minutos.

4 Incorpore las verduras reservadas a la sartén y caliéntelo todo bien. Salpimiente, agregue el resto de mantequilla y remueva. Pase los espaguetis a una fuente de servir caliente y cúbralos con la salsa y el perejil. Remueva la pasta con un par de tenedores hasta que esté bien impregnada de la salsa. Esparza el queso rallado y el pimentón por encima y, si lo desea, adorne el plato con las gambas sin pelar. Sirva los espaguetis enseguida, acompañados de pan.

espaguetis con gambas

ingredientes

PARA 4 PERSONAS

450 g de espaguetis

125 ml de aceite de oliva

6 dientes de ajo en láminas
   finas

450 g de gambas medianas,
   peladas y sin el hilo
   intestinal

4 cucharadas de perejil
   picado

125 ml de vino blanco seco

4 cucharadas de zumo
   de limón

sal y pimienta

preparación

1 En una olla grande, ponga abundante agua con un poco de sal y llévela a ebullición. Añada los espaguetis, espere a que vuelva a romper el hervor y deje cocer la pasta 10 minutos, o hasta que esté al dente.

2 Mientras tanto, en una cacerola grande caliente el aceite a fuego medio y dore el ajo. Incorpore las gambas y 2 cucharadas del perejil picado, y remueva. Riéguelas con el vino y déjelas cocer a fuego lento 2 minutos. Vierta el zumo de limón, remueva y deje que prosiga la cocción hasta que las gambas estén rosadas.

3 Escurra la pasta. Incorpórela a la cacerola con las gambas, salpimiente y remueva.

4 Disponga los espaguetis con las gambas en una fuente grande para servir. Esparza el resto del perejil por encima y sirva enseguida.

pasta con marisco a la papillote

ingredientes

PARA 4 PERSONAS

2 cucharadas de aceite
de oliva virgen extra

2 guindillas rojas frescas,
despepitadas y picadas

4 dientes de ajo picados finos

800 g de tomate troceado
en su jugo, de lata

225 ml de vino blanco seco

sal y pimienta

350 g de espaguetis

30 g de mantequilla

120 g de calamares en anillas

175 g de langostinos tigre

450 g de mejillones raspados
y desbarbados*

la carne de 1 cangrejo
de 1,5 kg, recién cocido

3 cucharadas de perejil
picado

1 cucharada de albahaca
fresca en tiras finas

* Deseche los que estén
rotos o los que no se cierren
al darles un golpecito; una
vez cocidos, deseche los
mejillones que no se hayan
abierto.

preparación

1 En una cacerola grande, ponga 1 cucharada de aceite de oliva y sofría 1 guindilla y la mitad del ajo de 2 a 3 minutos, removiendo de vez en cuando. Incorpore el tomate con su jugo y el vino y déjelo cocer a fuego lento 1 hora. Cuele la salsa, salpimiéntela y resérvela.

2 Precaliente el horno a 180 °C. Cueza la pasta en agua hirviendo con un poco de sal de 8 a 10 minutos, o hasta que esté al dente.

3 Caliente el aceite restante y la mantequilla en una cacerola grande de base gruesa. Sofría a fuego lento la otra guindilla y el resto del ajo 5 minutos, o hasta que estén tiernos, removiendo de vez en cuando. Incorpore el calamar, los langostinos y los mejillones. Tápelos y cuézalos a fuego fuerte de 4 a 5 minutos, o hasta que los mejillones se hayan abierto. Retire la cacerola del fuego y añada la carne de cangrejo.

4 Escurra la pasta y agréguela al marisco junto con la salsa, el perejil y la albahaca y mezcle.

5 Corte 4 cuadrados grandes de papel vegetal. Disponga la pasta y el marisco en la mitad de los cuadrados, doble la otra mitad por encima y selle bien los bordes. Hornéelos 10 minutos, o hasta que los paquetitos se hayan hinchado, y sírvalos.

espaguetis con salsa de gambas y ajo

ingredientes

PARA 4 PERSONAS

3 cucharadas de aceite
   de oliva

45 g de mantequilla

4 dientes de ajo picados

2 cucharadas de pimiento
   rojo cortado en daditos

2 cucharadas de concentrado
   de tomate

125 ml de vino blanco seco

450 g de espaguetis
   o dc tallarines

350 g de gambas peladas

125 ml de nata espesa

sal y pimienta

3 cucharadas de perejil,
   para adornar

preparación

1 Caliente el aceite y la mantequilla en una cacerola a fuego medio-bajo y sofría el ajo y el pimiento rojo, hasta que el ajo empiece a tomar color. Añada el concentrado de tomate y el vino y déjelo cocer durante 10 minutos, removiendo de vez en cuando.

2 En una olla grande, ponga abundante agua hirviendo con un poco de sal y cueza los espaguetis hasta que estén al dente. Escúrralos y póngalos de nuevo en la olla.

3 Incorpore las gambas a la salsa de tomate y suba el fuego a medio-alto. Removiendo con frecuencia, cuézalas 2 minutos, hasta que se vuelvan rosadas. Baje el fuego y vierta la nata líquida. Deje cocer la salsa 1 minuto más, o hasta que se espese, sin dejar de remover. Salpimiente.

4 Pase los espaguetis a una fuente de servir precalentada y cúbralos con la salsa. Esparza el perejil por encima, mezcle bien todos los ingredientes y sirva el plato enseguida.

pasta primavera

ingredientes

PARA 4 PERSONAS

2 cucharadas de zumo
   de limón

4 alcachofas pequeñas

7 cucharadas de aceite
   de oliva

2 chalotes picados finos

2 dientes de ajo picados finos

2 cucharadas de perejil
   picado

2 cucharadas de menta
   fresca picada

350 g de rigatoni o de algún
   otro tipo de pasta tubular

30 g de mantequilla sin sal

12 gambas grandes peladas
   y sin el hilo intestinal

sal y pimienta

preparación

1 Llene un cuenco con agua fría y el zumo de limón. Separe el tallo de las alcachofas, desechando las hojas más duras. Corte la parte superior de las hojas restantes. Parta las alcachofas por la mitad a lo largo y quíteles la fibra de la base. A continuación, córtelas en láminas de 5 mm de grosor y sumérjalas enseguida en el agua con limón para que no se ennegrezcan.

2 Caliente 5 cucharadas de aceite en una sartén de base gruesa. Escurra las alcachofas y séquelas con papel de cocina. Póngalas en la sartén junto con el chalote, el ajo, el perejil y la menta, y rehóguelo todo a fuego suave, removiendo de vez en cuando, de 10 a 12 minutos, o hasta que las verduras estén tiernas.

3 En una olla grande, ponga a hervir agua con un poco de sal. Eche la pasta, espere a que el agua rompa de nuevo a hervir y cuézala de 8 a 10 minutos, o hasta que esté al dente.

4 Derrita la mantequilla en una sartén, corte las gambas por la mitad y fríalas, removiendo de vez en cuando, 2 o 3 minutos, o hasta que hayan cambiado de color. Salpimiéntelas.

5 Escurra la pasta y pásela a una fuente. Riéguela con el resto del aceite y remuévala. Incorpore el rehogado de alcachofas y las gambas y mézclelo todo bien. Sirva el plato enseguida.

tallarines con gambas, tomates, ajo y guindilla

ingredientes

PARA 4 PERSONAS

4 cucharadas de aceite
de oliva

5 dientes de ajo picados
muy finos

400 g de tomate troceado
en su jugo, de lata

1 guindilla roja despepitada
y picada muy fina

sal y pimienta

450 g de tallarines
o de espaguetis

350 g de gambas peladas

2 cucharadas de perejil
picado, y un poco más
para adornar

preparación

1 En una cacerola, caliente 2 cucharadas de aceite. Sofría el ajo a fuego medio-bajo hasta que empiece a tomar color. Añádale el tomate y la guindilla, llévelo todo a ebullición y déjelo cocer a fuego suave 30 minutos, o hasta que el aceite se separe del tomate. Salpimiente.

2 En una olla grande, ponga abundante agua a hervir con un poco de sal y cueza los tallarines hasta que estén al dente. Escúrralos y póngalos de nuevo en la olla.

3 Caliente el resto del aceite en una sartén a fuego vivo y saltee las gambas 2 minutos, hasta que estén rosadas. Incorpórelas a la salsa de tomate, junto con el perejil. Remueva y déjelo cocer todo a fuego lento hasta que empiece a borbotear.

4 Pase la pasta a una fuente de servir caliente, vierta la salsa por encima y mezcle bien los ingredientes. Adorne los tallarines con el resto de perejil y sírvalos enseguida.

fusilli con salsa cajún de marisco

ingredientes

PARA 4 PERSONAS

550 ml de nata espesa

8 cebolletas en rodajas finas

50 g de perejil picado

1 cucharada de tomillo fresco
   picado

$1/2$ cucharada de pimienta

$1/2$-1 cucharadita de copos
   de guindilla

1 cucharadita de sal

450 g de fusilli o de tallarines

40 g de gruyer recién rallado

25 g de parmesano recién
   rallado

2 cucharadas de aceite
   de oliva

225 g de gambas peladas

225 g de vieiras cortadas
   en rodajas

1 cucharada de albahaca
   fresca en tiras, para servir

preparación

1 En una cacerola grande, caliente la nata a fuego medio, sin dejar de remover. Justo antes de que rompa el hervor, baje el fuego y añada la cebolleta, el perejil, el tomillo, la pimienta, los copos de guindilla y la sal. Deje cocer la salsa a fuego suave de 7 a 8 minutos, o hasta que se espese, removiendo. Retírela del fuego.

2 Ponga abundante agua a hervir con un poco de sal en otra cacerola y cueza la pasta hasta que esté al dente. Escúrrala y póngala de nuevo en el recipiente. Incorpore la salsa y el queso a la pasta y remueva, sobre el fuego suave, hasta que el queso se haya fundido. Páselo todo a una fuente de servir precalentada.

3 Caliente el aceite en una sartén a fuego medio-alto y saltee las gambas y las vieiras de 2 a 3 minutos, hasta que las primeras estén rosadas.

4 Disponga el marisco sobre la pasta y mezcle bien. Esparza las tiras de albahaca por encima y sirva.

pasta con vieiras y piñones

ingredientes

PARA 4 PERSONAS

400 g de pasta hueca

4 cucharadas de aceite
de oliva

1 diente de ajo picado fino

25 g de piñones

8 vieiras grandes en tiras
anchas

sal y pimienta

2 cucharadas de albahaca
fresca picada

preparación

1 En una cacerola grande, ponga abundante agua con un poco de sal y llévela a ebullición. Eche la pasta, deje que el agua vuelva a hervir y cuézala de 10 a 12 minutos, o hasta que esté al dente.

2 A media cocción de la pasta, caliente el aceite en una sartén y sofría el ajo durante 1 o 2 minutos, o hasta que esté tierno, pero sin que se llegue a dorar. Agregue los piñones y sofríalos hasta que se doren. Incorpore las vieiras, remueva y cuézalas hasta que estén opacas. Salpimiente.

3 Cuando la pasta esté cocida, escúrrala y pásela de nuevo a la cacerola. Incorpore a ésta las vieiras y el sofrito de la sartén y mézclelo todo. Reparta la pasta entre los platos, espolvoréela con la albahaca y sírvala.

fettuccine con vieiras en salsa cremosa de boletos

ingredientes

PARA 4 PERSONAS

25 g de boletos secos

550 ml de agua caliente

3 cucharadas de aceite
    de oliva

45 g de mantequilla

350 g de vieiras, cortadas
    en rodajas

2 dientes de ajo picados finos

2 cucharadas de zumo
    de limón

250 ml de nata espesa

sal y pimienta

350 g de fettuccine
    o de pappardelle

2 cucharadas de perejil
    picado, para servir

preparación

1 En un cuenco con el agua caliente, ponga a remojar los boletos durante 20 minutos. Cuélelos, reservando el líquido, y píquelos. Forre un colador con papel de cocina y cuele el líquido de los boletos sobre un cuenco.

2 Caliente el aceite y la mantequilla en una sartén grande a fuego medio y saltee las vieiras 2 minutos, hasta que estén doradas. Añada el ajo y los boletos y saltéelos 1 minuto.

3 Agregue el zumo de limón, la nata y 125 ml del agua de remojar los boletos. Llévelo todo a ebullición y déjelo cocer a fuego medio entre 2 y 3 minutos, removiendo constantemente, hasta que el líquido se haya reducido a la mitad. Salpimiente y retírelo del fuego.

4 Cueza la pasta en abundante agua hirviendo con un poco de sal, hasta que esté al dente. Escúrrala y pásela a una fuente de servir caliente. Vuelva a calentar ligeramente la salsa y viértala sobre la pasta. Espolvoréela con el perejil, remuévala bien y sírvala.

vegetariana

Los platos de pasta vegetarianos están tan ricos, que aun quienes están acostumbrados a comer carne quedan satisfechos del todo.

Tal vez sea por la irresistible combinación de pasta, crema de leche y queso que llevan algunas de las más suculentas recetas. Si le gusta el parmesano, pruebe los clásicos Fettuccine Alfredo, sencillos pero realmente espléndidos, o los Farfalle con guisantes a la crema de parmesano. Si prefiere el sabor más intenso del gorgonzola, que combina estupendamente con la pasta, puede optar por los Rigatoni con salsa de gorgonzola o los Fusilli con salsa de champiñones y gorgonzola, sabrosos platos para ocasiones especiales.

Para los almuerzos y cenas de cada día, lo ideal son las comidas a base de verdura, como los Gemelli con hortalizas verdes o los Penne con salsa de pimientos y queso de cabra. Todos ellos resultan visualmente atractivos y tienen un estupendo sabor. Si le gusta la salsa de tomate clásica, los Espaguetis con salsa de tomate, ajo y albahaca son lo que necesita.

Asimismo, las espinacas y la ricota combinan también a la perfección. Aquí aprenderá a hacer unos deliciosos Raviolis de espinacas y ricota con masa casera. ¡Pruébelos!

fettuccine Alfredo

ingredientes

PARA 4 PERSONAS

25 g de mantequilla

225 ml de nata espesa

450 g de fettuccine frescos

1 cucharada de aceite
de oliva

90 g de parmesano recién
rallado, y un poco más
para servir

1 pizca de nuez moscada
recién rallada

sal y pimienta

ramitas de perejil, para adornar

preparación

1 Ponga la mantequilla y 150 ml de la nata en una cacerola grande y llévelo a ebullición a fuego medio. Seguidamente, déjelo cocer a fuego lento $1\frac{1}{2}$ minutos, hasta que la salsa se espese ligeramente.

2 En una olla grande, ponga a hervir abundante agua con un poco de sal. Eche los fettuccine y el aceite, deje que vuelva a romper el hervor y cueza la pasta 2 o 3 minutos, hasta que esté al dente. Escurra los fettuccine, póngalos de nuevo en la olla y vierta la salsa encima. Sobre el fuego al mínimo, remueva la pasta para que se impregne bien de la salsa.

3 Añada el resto de nata, el parmesano y la nuez moscada y salpimiente. Remueva para que los ingredientes se mezclen bien mientras se calientan.

4 Pase los fettuccine a una fuente caliente y sírvalos enseguida, adornados con ramitas de perejil y acompañados de parmesano.

paglia e fieno
con pan rallado al ajo

ingredientes

PARA 4 PERSONAS

350 g de pan fresco
   recién rallado

4 cucharadas de perejil
   picado fino

1 cucharada de cebollino
   fresco troceado

2 cucharadas de mejorana
   dulce fresca, picada fina

3 cucharadas de aceite
   de oliva, y un poco más
   para servir

3-4 dientes de ajo picados
   finos

50 g de piñones

sal y pimienta

450 g de paglia e fieno
   frescos

50 g de queso pecorino
   romano recién rallado,
   para servir

preparación

1 En un bol, mezcle el pan rallado, el perejil, el cebollino y la mejorana. Caliente el aceite en una sartén grande de base gruesa. Añada la mezcla anterior junto con el ajo y los piñones, salpimiente y sofría a fuego lento, removiendo constantemente, 5 minutos o hasta que el pan esté ligeramente dorado. Retire la sartén del fuego y tápela para que mantenga el calor.

2 En una olla grande, ponga a hervir abundante agua con un poco de sal. Eche la pasta, espere a que el agua hierva de nuevo y déjela cocer 4 o 5 minutos, o hasta que esté al dente.

3 A continuación, escúrrala y pásela a una fuente precalentada. Después, rocíe la pasta con 2 o 3 cucharadas de aceite de oliva y remuévala. Incorpore la mezcla de pan rallado frito y vuelva a remover. Sirva el plato con el pecorino rallado por encima.

fettuccine con ricota

ingredientes

PARA 4 PERSONAS

350 g de fettuccine

45 g de mantequilla sin sal

2 cucharadas de perejil
   picado

225 g de ricota

225 g de almendras molidas

150 ml de nata agria

2 cucharadas de aceite
   de oliva virgen extra

125 ml de caldo de pollo
   caliente

1 pizca de nuez moscada
   recién rallada

sal y pimienta

1 cucharada de piñones

hojas de perejil, para adornar

preparación

1 En una cacerola grande, ponga a hervir abundante agua con un poco de sal. Eche la pasta, espere a que rompa de nuevo el hervor y cuézala entre 8 y 10 minutos, o hasta que esté al dente. Escurra los fettuccine y póngalos de nuevo en la cacerola. Agregue la mantequilla y el perejil y remueva bien.

2 En un cuenco, mezcle la ricota, la almendra y la nata agria. Sin dejar de remover, vierta poco a poco el aceite y, después, el caldo de pollo caliente. Condimente la salsa con nuez moscada y pimienta.

3 Vuelque la pasta en una fuente de servir caliente, incorpore la salsa y remueva. Esparza los piñones por encima, adorne el plato con las hojas de perejil y sírvalo.

tallarines al pesto

ingredientes

PARA 4 PERSONAS

450 g de tallarines

sal

ramitas de albahaca,
    para adornar

salsa de pesto

2 dientes de ajo

25 g de piñones

sal

120 g de hojas de albahaca
    fresca

50 g de parmesano recién
    rallado

125 ml de aceite de oliva

preparación

1 Para preparar el pesto, ponga el ajo, los piñones, la albahaca y una pizca de sal en un mortero y májelos hasta obtener una pasta. Pásela a un cuenco y, a medida que remueve con una cuchara de madera, añádale poco a poco el parmesano y, a continuación, el aceite de oliva. Siga removiendo hasta obtener una salsa espesa y cremosa. Pruébela y, si fuera necesario, rectifique la sazón.

2 Si lo prefiere, puede mezclar el ajo, los piñones y un buen pellizco de sal en un robot de cocina y triturarlos brevemente. Añádales la albahaca y siga triturando hasta obtener una pasta. Con el motor todavía en marcha, vaya añadiendo el aceite. Pase el pesto a un bol. Incorpore el queso, bata la salsa manualmente y sálela.

3 En una cacerola grande, ponga a hervir abundante agua con un poco de sal. Eche la pasta, deje que el agua vuelva a hervir y cueza los tallarines de 8 a 10 minutos, o hasta que estén al dente. Escúrralos bien y póngalos de nuevo en la cacerola. Viértales la mitad del pesto por encima y mezcle. Reparta la pasta en platos calientes y añada un poco más de pesto sobre cada ración. Adorne con ramitas de albahaca y sirva.

espaguetis con ajo y aceite

ingredientes

PARA 4 PERSONAS

450 g de espaguetis

125 ml de aceite de oliva
virgen extra

3 dientes de ajo picados finos

sal y pimienta

3 cucharadas de perejil
picado

preparación

1 En una olla grande, ponga a hervir abundante agua con un poco de sal. Eche la pasta, deje que el agua vuelva a hervir y cueza los espaguetis entre 8 y 10 minutos, o hasta que estén al dente.

2 Mientras tanto, caliente el aceite de oliva en una sartén de base gruesa. Sin dejar de remover, fría el ajo a fuego lento con una pizca de sal durante 3 o 4 minutos, o hasta que esté dorado. No deje que se tueste para que no amargue. Retire la sartén del fuego y reserve.

3 Escurra la pasta y pásela a una fuente de servir caliente. Vierta el aceite con el ajo, esparza el perejil por encima y salpimiente. Remueva bien y sirva los espaguetis.

farfalle con guisantes a la crema de parmesano

ingredientes

PARA 4 PERSONAS

450 g de farfalle

25 g de mantequilla sin sal

350 g de guisantes

200 ml de nata espesa

1 pizca de nuez moscada
    recién rallada

sal y pimienta

50 g de parmesano recién
    rallado, y un poco más
    para servir

ramitas de perejil,
    para adornar

pan de barra,
    para acompañar

preparación

1 En una olla grande, ponga a hervir abundante agua con un poco de sal. Eche la pasta, deje que rompa de nuevo el hervor y cueza los farfalle entre 8 y 10 minutos, o hasta que estén al dente. Escúrralos bien.

2 Derrita la mantequilla en una cacerola grande de base gruesa. Eche los guisantes y déjelos cocer 2 o 3 minutos. Vierta 150 ml de nata espesa y llévelo todo a ebullición. Déjelo cocer a fuego lento 1 minuto, o hasta que se haya espesado un poco.

3 Añada la pasta escurrida a la mezcla de nata. Sobre el fuego al mínimo, remueva para mezclar bien la pasta con la salsa. Condimente con nuez moscada, sal y pimienta, y añada el resto de la nata y el parmesano rallado. Vuelva a mezclar bien y reparta la pasta en cuencos. Adorne el plato con ramitas de perejil y sírvalo enseguida, acompañado de parmesano y pan.

rigatoni con salsa de gorgonzola

ingredientes

PARA 4 PERSONAS

400 g de rigatoni o pennoni
    rigati
30 g de mantequilla sin sal
6 hojas de salvia
200 g de gorgonzola
    en dados
175-225 ml de nata espesa
2 cucharadas de vermut seco
sal y pimienta

preparación

1 En una olla grande, ponga a hervir abundante agua con un poco de sal. Eche la pasta, deje que rompa de nuevo el hervor y cueza los rigatoni de 8 a 10 minutos, o hasta que estén al dente.

2 Mientras tanto, derrita la mantequilla en un cazo de base gruesa. Eche la salvia y, sin dejar de remover, rehóguela 1 minuto. Retírela del cazo y resérvela. En el mismo cazo, funda el queso a fuego lento removiendo sin cesar. Poco a poco y a la vez que remueve, vaya vertiendo 175 ml de nata espesa y el vermut, y salpimiente. Deje cocer la salsa, removiendo, hasta que se espese. Si la salsa fuera demasiado espesa, añádale más nata.

3 Escurra bien la pasta y pásela a una fuente caliente. Vierta la salsa de gorgonzola por encima, adorne el plato con la salvia que había reservado y sírvalo.

gemelli con hortalizas verdes

ingredientes

PARA 4 PERSONAS

225 g de gemelli o algún otro tipo de pasta corta

2 cucharadas de perejil picado

2 cucharadas de parmesano recién rallado

salsa

2 calabacines en rodajas

1 brécol en ramillos

225 g de espárragos despuntados

125 g de tirabeques

125 g de guisantes congelados

25 g de mantequilla

3 cucharadas de caldo de verduras

5 cucharadas de nata espesa

sal y pimienta

1 buen pellizco de nuez moscada recién rallada

preparación

1 En una olla grande, ponga a hervir abundante agua con un poco de sal. Eche la pasta, deje que rompa de nuevo el hervor y cueza los gemelli entre 8 y 10 minutos, o hasta que estén al dente. Escúrralos y devuélvalos a la olla. Cubra la pasta y manténgala caliente.

2 Cueza al vapor el calabacín, el brécol, los espárragos y los tirabeques, hasta que empiecen a estar tiernos. Retírelos del fuego y sumérjalos en agua fría para detener la cocción. Escúrralos y resérvelos. Durante 3 minutos, cueza los guisantes en agua hirviendo con sal y escúrralos. Refrésquelos con agua fría y vuélvalos a escurrir.

3 Ponga la mantequilla y el caldo de verduras en una cacerola a fuego medio. Añada todas las verduras, excepto los espárragos, y, con una cuchara de madera, remuévalas con cuidado para calentarlas uniformemente, procurando que no se rompan. Vierta la nata espesa, deje calentar y sazone con sal, pimienta y nuez moscada.

4 Pase la pasta a una fuente caliente y añada el perejil. Cúbrala con la salsa y esparza el parmesano rallado. Disponga los espárragos encima de forma decorativa y sirva enseguida.

tallarines con espárragos y salsa de gorgonzola

ingredientes

PARA 4 PERSONAS

450 g de puntas de espárrago

aceite de oliva

sal y pimienta

225 g de gorgonzola
 desmenuzado

175 ml de nata espesa

350 g de tallarines

preparación

1 En una fuente llana para el horno, disponga las puntas de espárrago en una sola capa. Rocíelas con un poco de aceite de oliva y salpimiéntelas. Deles la vuelta para que se impregnen del aceite y áselas en el horno precalentado a 230 ºC de 10 a 12 minutos, hasta que estén tiernas y ligeramente doradas. Resérvelas calientes.

2 En un cuenco, mezcle el queso con la nata espesa y sazónelo con sal y pimienta.

3 Cueza la pasta en abundante agua hirviendo ligeramente salada hasta que esté al dente. Escúrrala y pásela a una fuente de servir caliente.

4 Seguidamente, añádale los espárragos y la mezcla de queso, y remueva. Cuando el queso se haya fundido y la pasta esté bien recubierta con la salsa, sírvala.

radiatore con salsa de calabaza

ingredientes

PARA 4 PERSONAS

60 g de mantequilla sin sal

120 g de cebollas blancas
o de chalotes, picados
muy finos

800 g de calabaza (peso
bruto)

1 pizca de nuez moscada
recién rallada

350 g de radiatore

200 ml de nata líquida

4 cucharadas de parmesano
recién rallado, y un poco
más para servir

2 cucharadas de perejil
picado

sal y pimienta

preparación

1 Derrita la mantequilla a fuego suave en una cacerola de base gruesa. Eche la cebolla y un poco de sal, tape el recipiente y rehogue la cebolla entre 25 y 30 minutos, removiendo a menudo.

2 Extraiga las semillas de la calabaza, pélela y trocee bien la pulpa. Incorpórela a la cacerola y sazónela con la nuez moscada. Cubra de nuevo el recipiente y deje cocer la calabaza a fuego suave, removiendo de vez en cuando, 45 minutos.

3 Entre tanto, ponga a hervir abundante agua con un poco de sal en una olla. Eche la pasta, espere a que rompa de nuevo el hervor y cueza los radiatore de 8 a 10 minutos, hasta que estén al dente. Escúrralos bien y reserve unos 150 ml del agua de la cocción.

4 Agregue la nata líquida, el parmesano rallado y el perejil a la salsa de calabaza, y salpimiente. Si la mezcla resultara demasiado espesa, vierta el agua reservada necesaria y remueva. Incorpore la pasta y mezcle durante 1 minuto. Sírvala enseguida, acompañada de parmesano.

pasta picante con puerros, calabaza y tomates cereza

ingredientes

PARA 4 PERSONAS

150 g de puerros tiernos
en rodajas de 2 cm

175 g de calabaza
despepitada y cortada
en trozos de 2 cm

1$^1/_2$ cucharadas de pasta
de curry suave

1 cucharadita de aceite
de oliva

175 g de tomates cereza

250 g de pasta corta

2 cucharadas de hojas
de cilantro fresco picadas

salsa blanca

250 ml de leche descremada

20 g de fécula de maíz

1 cucharadita de mostaza
en polvo

1 cebolla pequeña entera

2 hojas de laurel pequeñas

4 cucharaditas de parmesano
rallado

preparación

1 Para preparar la salsa blanca, ponga en un cazo a fuego medio la leche con la fécula de maíz, la mostaza, la cebolla y las hojas de laurel. Bata los ingredientes hasta obtener una salsa espesa. Retírela del fuego y deseche la cebolla y el laurel. Incorpore el queso a la salsa y remueva. Resérvela y vaya removiendo de vez en cuando para evitar que se forme una telilla en la superficie.

2 Ponga a hervir agua en una olla y cueza los puerros un par de minutos. Añada la calabaza y prosiga con la cocción 2 minutos. Escurra.

3 Mezcle en un cuenco la pasta de curry con el aceite. Incorpore el puerro y la calabaza y remueva para que queden bien recubiertos por la mezcla.

4 Precaliente el horno a 200 °C. Pase el puerro y la calabaza a una bandeja para el horno y áselos 10 minutos, hasta que se doren. Añada el tomate y hornee 5 minutos más.

5 Cueza la pasta según las instrucciones del envase y escúrrala.

6 En una cacerola, caliente la salsa blanca a fuego lento. Incorpore el puerro, la calabaza, el tomate y el cilantro. Por último, añada la pasta caliente. Mézclelo todo bien y sirva.

espaguetis con salsa de tomate, ajo y albahaca

ingredientes

PARA 4 PERSONAS

5 cucharadas de aceite
de oliva virgen extra

1 cebolla picada fina

800 g de tomate troceado
en su jugo, de lata

4 dientes de ajo, en cuartos

sal y pimienta

450 g de espaguetis

1 puñado de hojas de
albahaca fresca en tiras

virutas de parmesano,
para servir

preparación

1 En una cacerola grande, caliente el aceite a fuego medio y fría la cebolla 5 minutos, hasta que esté tierna. Añádale el tomate y el ajo. Lleve las hortalizas a ebullición y deje cocer la salsa a fuego lento entre 25 y 30 minutos, o hasta que el aceite se separe del tomate. Salpimiéntela.

2 Cueza la pasta en abundante agua hirviendo ligeramente salada hasta que esté al dente. Escúrrala y pásela a una fuente de servir.

3 Vierta la salsa sobre la pasta, añádale la albahaca y remueva. Sirva el plato con las virutas de parmesano por encima.

fusilli con salsa de tomates secados al sol a las hierbas

ingredientes

PARA 4 PERSONAS

85 g de tomates secados
    al sol

750 ml de agua hirviendo

2 cucharadas de aceite
    de oliva

1 cebolla picada fina

2 dientes de ajo grandes
    cortados en láminas finas

2 cucharadas de perejil
    picado

2 cucharaditas de orégano
    fresco picado

1 cucharadita de romero
    fresco picado

sal y pimienta

350 g de fusilli

10 hojas de albahaca fresca
    cortadas en tiras

3 cucharadas de parmesano
    recién rallado, para servir

preparación

1 En un cuenco, sumerja los tomates en el agua hirviendo durante 5 minutos. Retire del agua $1/3$ de los tomates con una espumadera y córtelos en trozos del tamaño de un bocado. Pase el resto del tomate y el agua a una batidora y haga un puré.

2 Caliente el aceite en una sartén grande a fuego medio y fría la cebolla 5 minutos, hasta que esté tierna. Añada el ajo y fríalo hasta que empiece a tomar color. Incorpore el puré y los trozos de tomate a la sartén. Lleve la salsa a ebullición y déjela cocer 10 minutos a fuego medio-suave. Añádale las hierbas y salpimiéntela. Prosiga con la cocción 1 minuto y retire la salsa del fuego.

3 Cueza la pasta en abundante agua hirviendo ligeramente salada hasta que esté al dente. Escúrrala y pásela a una fuente de servir. Vuelva a calentar brevemente la salsa, viértala sobre la pasta, incorpore la albahaca y mézclelo todo bien. Esparza el queso rallado por encima y sirva el plato enseguida.

tortiglioni con guindilla

ingredientes

PARA 4 PERSONAS

150 ml de vino blanco seco

1 cucharada de pasta
de tomates secados al sol

2 guindillas rojas frescas

2 dientes de ajo picados finos

350 g de tortiglioni

4 cucharadas de perejil
picado

sal y pimienta

virutas de queso pecorino
romano, para adornar

salsa de tomate

5 cucharadas de aceite
de oliva virgen extra

450 g de tomates pera
troceados

sal y pimienta

preparación

1 Para preparar la salsa de tomate, caliente el aceite en una sartén sin que llegue a humear. Eche el tomate y cuézalo a fuego vivo entre 2 y 3 minutos. Baje el fuego al mínimo y prosiga con la cocción 20 minutos, o hasta que el tomate se desmenuce fácilmente. Salpiméntelo, tritúrelo con la batidora y páselo a una cacerola limpia.

2 Incorpore el vino, la pasta de tomates, las guindillas enteras y el ajo. Lleve la salsa a ebulición y déjela cocer a fuego suave.

3 Entre tanto, ponga a hervir en una olla grande abundante agua con un poco de sal. Eche la pasta, deje que vuelva a romper el hervor y cueza los tortiglioni entre 8 y 10 minutos, o hasta que estén al dente.

4 Mientras la pasta se cuece, retire las guindillas y pruebe la salsa. Si quisiera intensificar el sabor picante, pique una o las dos guindillas e incorpórelas de nuevo a la cacerola. Rectifique entonces el punto de sal y pimienta, échele la mitad del perejil y remueva.

5 Escurra la pasta y pásela a una fuente de servir caliente. Cúbrala con la salsa y mezcle bien. Esparza el resto de perejil por encima, adorne el plato con las virutas de pecorino y sírvalo.

penne rigate con brécol y guindilla

ingredientes

PARA 4 PERSONAS

225 g de penne rigate
o de macarrones

225 g de brécol en ramitos

50 ml de aceite de oliva
virgen extra

2 dientes de ajo grandes
picados

2 guindillas rojas frescas
despepitadas, cortadas
en dados

8 tomates cereza (opcional)

hojas de albahaca fresca,
para adornar

preparación

1 En una olla grande, ponga a hervir abundante agua con un poco de sal. Eche la pasta, espere a que rompa de nuevo el hervor y deje cocer los penne entre 8 y 10 minutos, hasta que estén al dente. Escúrralos, refrésquelos bajo el chorro de agua fría y vuelva a escurrirlos. Reserve la pasta.

2 Ponga a hervir agua en una olla y cueza el brécol durante 5 minutos. Escúrralo, páselo bajo el chorro de agua fría y vuélvalo a escurrir.

3 En la cacerola donde ha cocido la pasta, caliente el aceite a fuego vivo y fría el ajo, la guindilla y los tomates, si los fuera a utilizar, durante 1 minuto y sin dejar de remover.

4 Incorpore el brécol y remueva bien. Déjelo cocer un par de minutos, removiendo constantemente, hasta que se caliente todo de manera uniforme. Añada los penne y mézclelo todo bien. Páselo a una fuente caliente y sirva el plato adornado con hojas de albahaca.

penne en salsa cremosa de champiñones

ingredientes

PARA 4 PERSONAS

50 g de mantequilla

1 cucharada de aceite
  de oliva

6 chalotes cortados en aros

450 g de champiñones
  en láminas

sal y pimienta

1 cucharadita de harina

150 ml de nata espesa

2 cucharadas de oporto

120 g de tomates secados al
  sol conservados en aceite,
  escurridos y picados

1 pizca de nuez moscada
  recién rallada

350 g de penne

2 cucharadas de perejil
  picado

preparación

1 Derrita la mantequilla con el aceite de oliva en una sartén grande de base gruesa. Eche el chalote y rehóguelo a fuego lento, removiendo de vez en cuando, de 4 a 5 minutos, o hasta que esté tierno. Incorpore los champiñones y déjelos a fuego suave 2 minutos. Salpimiente, espolvoree con la harina y remueva 1 minuto.

2 Retire la sartén del fuego y vaya vertiendo la nata y el oporto sin dejar de remover. Vuelva a poner la sartén al fuego, incorpore los tomates picados y la nuez moscada y déjelo cocer durante 8 minutos a fuego suave, removiendo de vez en cuando.

3 Entre tanto, ponga a hervir abundante agua con un poco de sal en una olla. Eche la pasta, deje que rompa de nuevo el hervor y cueza los penne de 8 a 10 minutos, hasta que estén al dente. Escúrralos e incorpórelos a la salsa de champiñones. Deje que cueza todo junto unos 3 minutos y páselo a una fuente de servir caliente. Esparza el perejil picado por encima y sirva el plato enseguida.

fusilli con salsa de champiñones y gorgonzola

ingredientes

PARA 4 PERSONAS

350 g de fusilli

3 cucharadas de aceite
de oliva

350 g de champiñones
en láminas

1 diente de ajo picado fino

400 ml de nata espesa

250 g de gorgonzola
desmenuzado

sal y pimienta

2 cucharadas de perejil
picado, para adornar

preparación

1 En una olla grande, ponga a hervir abundante agua con un poco de sal. Eche la pasta, deje que rompa de nuevo el hervor y cueza los fusilli entre 8 y 10 minutos, o hasta que estén al dente.

2 Mientras tanto, caliente el aceite de oliva en una cacerola de base gruesa y sofría los champiñones a fuego lento, removiendo con frecuencia, durante 5 minutos. Añada el ajo y sofría un par de minutos más.

3 Vierta la nata espesa, lleve a ebullición y deje cocer la salsa 1 minuto, hasta que se haya espesado un poco. Añada el gorgonzola y prosiga con la cocción a fuego lento hasta que el queso se haya fundido y sin que llegue a hervir. Salpimiente la salsa y retire la cacerola del fuego.

4 Escurra los fusilli e incorpórelos a la salsa. Mézclelo todo bien y sirva la pasta enseguida, adornada con el perejil.

tallarines con salsa de alcachofas asadas y rábano picante

ingredientes

PARA 2 PERSONAS

100 g de alcachofas en conserva, cortadas en cuartos

aceite de oliva

50 g de hojas de espinaca tiernas

100 g de tallarines

100 ml de salsa blanca (*véase* pág. 162)

2 cucharaditas de albahaca fresca picada, y un poco más para adornar

1 cucharadita de tomillo limonero fresco picado, y un poco más para adornar

1 cucharadita de crema de rábano picante

2 cucharaditas de nata agria

preparación

1 Disponga las alcachofas en una bandeja antiadherente para el horno, rocíelas con un chorrito de aceite y áselas en el horno precalentado a 220 °C durante 20 minutos, hasta que estén doradas.

2 Entre tanto, caliente a fuego medio una cacerola grande con tapa. Eche las espinacas, tape y cuézalas al vapor 2 minutos. Retírelas del fuego y escúrralas.

3 Cueza la pasta según las instrucciones del envase y déjela escurrir.

4 Vuelva a poner las espinacas en la cacerola, vierta la salsa blanca por encima y caliéntelas a fuego suave. Añada las hierbas, el rábano picante, la nata agria y las alcachofas. Remueva e incorpore los tallarines. Cuando se haya calentado todo uniformemente, sirva el plato adornado con la albahaca y el tomillo.

conchiglie con salsa de alcachofas marinadas, tomate y cebolla

ingredientes

PARA 4 PERSONAS

280 g de corazones
   de alcachofa marinados
   en conserva

3 cucharadas de aceite
   de oliva

1 cebolla picada fina

3 dientes de ajo picados

1 cucharadita de orégano
   seco

¼ de cucharadita de copos
   de guindilla

400 g de tomate troceado
   en su jugo, de lata

sal y pimienta

350 g de conchiglie

4 cucharaditas de parmesano
   recién rallado

3 cucharadas de perejil
   picado

preparación

1 Escurra los corazones de alcachofa y reserve el líquido de la marinada. Caliente el aceite en una cacerola grande y fría a fuego medio la cebolla durante 5 minutos, hasta que esté transparente. Añádale el ajo, el orégano, los copos de guindilla y el líquido de la marinada. Prosiga con la cocción durante 5 minutos.

2 Incorpore el tomate. Llévelo a ebullición y déjelo cocer a fuego medio-suave 30 minutos. Salpimiente generosamente.

3 Cueza la pasta en abundante agua hirviendo ligeramente salada hasta que esté al dente. Escúrrala y pásela a una fuente de servir caliente.

4 Añada las alcachofas, el parmesano y el perejil a la salsa. Déjela unos minutos al fuego para que se caliente uniformemente. Vierta la salsa sobre la pasta, remueva para mezclar los ingredientes y sírvala enseguida.

fusilli con calabacín y limón al romero

ingredientes

PARA 4 PERSONAS

6 cucharadas de aceite
    de oliva
1 cebolla pequeña en rodajas
    muy finas
2 dientes de ajo picados
    muy finos
2 cucharadas de romero
    fresco picado
1 cucharada de perejil picado
450 g de calabacines
    pequeños, en bastoncitos
    de 5 mm x 4 cm
la raspadura fina de 1 limón
sal y pimienta
450 g de fusilli tricolor
4 cucharadas de parmesano
    recién rallado

preparación

1 Caliente el aceite en una sartén grande a fuego medio-suave y fría la cebolla durante 10 minutos, removiendo a menudo, hasta que esté dorada.

2 Suba el fuego, añada el ajo, el romero y el perejil y remueva unos segundos. Incorpore el calabacín y la raspadura de limón, y fríalo todo entre 5 y 7 minutos, removiendo de vez en cuando, hasta que el calabacín esté tierno. Salpimiente y retire la sartén del fuego.

3 Cueza la pasta en abundante agua hirviendo ligeramente salada hasta que esté al dente. Escúrrala y pásela a una fuente de servir caliente.

4 Vuelva a calentar brevemente el calabacín con las hierbas, échelo sobre la pasta y mezcle. Esparza el parmesano por encima y sirva enseguida.

berenjenas con pasta

ingredientes

PARA 4 PERSONAS

150 ml de caldo de verduras

150 ml de vinagre de vino
blanco

2 cucharaditas de vinagre
balsámico

3 cucharadas de aceite
de oliva

1 ramita de orégano fresco

450 g de berenjenas, peladas
y cortadas en rodajas finas

400 g de linguine

adobo

2 cucharadas de aceite
de oliva virgen extra

2 dientes de ajo majados

2 cucharadas de orégano
fresco picado

2 cucharadas de almendras
tostadas y picadas

2 cucharadas de pimiento
rojo cortado en dados

2 cucharadas de zumo
de lima

la raspadura y el zumo
de 1 naranja

sal y pimienta

preparación

1 Ponga el caldo de verduras, el vinagre de vino blanco y el vinagre balsámico en una cacerola de base gruesa y llévelos a ebullición a fuego lento. Añada 2 cucharaditas del aceite de oliva y la ramita de orégano y deje la mezcla 1 minuto al fuego. Incorpore las rodajitas de berenjena a la cacerola, retírela del fuego y déjela reposar 10 minutos.

2 Entre tanto, prepare el adobo. Mezcle en un cuenco el aceite de oliva, el ajo, el orégano, la almendra, el pimiento, el zumo de lima y la raspadura y el zumo de naranja, y salpimiente.

3 Con cuidado, retire las rodajas de berenjena de la cacerola con una espumadera y escúrralas bien. Sumérjalas en el adobo, procurando que queden bien recubiertas, y déjelas marinar 12 horas en el frigorífico.

4 En una olla grande, ponga a hervir abundante agua con un poco de sal. Eche la mitad del aceite de oliva restante y la pasta, deje que el agua hierva de nuevo y cueza los linguine de 8 a 10 minutos, hasta que estén al dente. Escurra bien la pasta y rocíela con el resto del aceite mientras todavía esté caliente. Disponga los linguine en una fuente de servir junto con las rodajas de berenjena y el adobo y sírvalos enseguida.

tallarines con nueces

ingredientes

PARA 4 PERSONAS

25 g de pan fresco recién
    rallado

350 g de nueces troceadas

2 dientes de ajo picados finos

4 cucharadas de leche

4 cucharadas de aceite
    de oliva

85 g de queso cremoso

150 ml de nata líquida

sal y pimienta

350 g de tallarines

preparación

1 Ponga el pan rallado, las nueces, el ajo, la leche, el aceite y el queso en un mortero grande y trabaje la mezcla hasta obtener una pasta. Si lo prefiere, sustituya el mortero por un robot de cocina. Incorpore la nata líquida y remueva hasta que la salsa adquiera una consistencia espesa. Salpimiéntela y resérvela.

2 En una olla grande, ponga a hervir abundante agua con un poco de sal. Eche la pasta, espere a que rompa de nuevo el hervor y deje cocer los tallarines de 8 a 10 minutos, o hasta que estén al dente.

3 Escurra bien la pasta y pásela a una fuente caliente. Vierta la salsa de nueces por encima, mezcle bien y sírvala enseguida.

ziti con ruqueta

ingredientes

PARA 4 PERSONAS

350 g de ziti, cortados en
trozos de 4 cm

5 cucharadas de aceite
de oliva virgen extra

2 dientes de ajo ligeramente
majados

200 g de ruqueta

2 guindillas rojas frescas
cortadas en rodajas
gruesas

sal

flores de guindilla roja,
para adornar (opcional)

queso pecorino romano
recién rallado, para servir

preparación

1 En una olla grande, ponga a hervir abundante agua con un poco de sal. Eche la pasta, deje que el agua hierva de nuevo y cueza los ziti de 8 a 10 minutos, o hasta que estén al dente.

2 Mientras tanto, caliente el aceite de oliva en una sartén grande de base gruesa y sofría el ajo, la ruqueta y la guindilla 5 minutos, o hasta que la ruqueta se haya ablandado.

3 Agregue a la sartén 2 cucharadas del agua de la cocción de la pasta. Escurra la pasta e incorpórela a la sartén. Caliéntelo todo un par de minutos sin dejar de remover y páselo a una fuente de servir caliente. Retire y deseche los ajos y la guindilla. Sirva el plato enseguida con el queso rallado por encima y adórnelo, si lo desea, con unas flores de guindilla roja.

pasta a la provenzal

ingredientes

PARA 4 PERSONAS

225 g de penne

1 cucharada de aceite
de oliva

sal y pimienta

25 g de aceitunas negras
deshuesadas, en rodajas

25 g de tomates secados
al sol remojados,
escurridos y picados

400 g de corazones
de alcachofa en conserva,
partidos por la mitad

120 g de calabacines
pequeños, despuntados
y cortados en rodajas

120 g de tomates pera
pequeños, partidos
por la mitad

100 g de hojas de ensalada
variadas

hojas de albahaca cortadas
en tiras, para adornar

aliño

4 cucharadas de tomate
triturado de lata

2 cucharadas de queso
cremoso bajo en calorías

1 cucharada de zumo
de naranja sin endulzar

1 puñadito de albahaca
fresca cortada en tiras

preparación

1 En una olla, cueza los penne siguiendo las indicaciones del envase o hasta que estén al dente. Escúrralos bien y póngalos de nuevo en el recipiente. Añádales el aceite, sal y pimienta, las aceitunas y los tomates secados al sol, remueva y déjelos enfriar.

2 A continuación, incorpore la alcachofa, el calabacín y el tomate y mézclelo todo con cuidado.

3 Para hacer el aliño, mezcle todos los ingredientes en un bol. Riegue la pasta y la verdura con el aderezo.

4 Disponga las hojas de ensalada en una fuente, ponga la pasta y las verduras encima y adorne el plato con las tiras de albahaca.

linguine con salsa de pimiento rojo y ajo asados

ingredientes

PARA 4 PERSONAS

6 dientes de ajo grandes, sin pelar

400 g de pimientos rojos asados en conserva, escurridos y cortados en tiras

200 g de tomate troceado en su jugo, de lata

3 cucharadas de aceite de oliva

$\frac{1}{4}$ de cucharadita de copos de guindilla

1 cucharadita de tomillo u orégano frescos picados

sal y pimienta

350 g de linguine, de espaguetis o de bucatini

parmesano recién rallado, para servir

preparación

1 Precaliente el horno a 200 °C. Ponga los dientes de ajo sin pelar en una fuente llana para el horno y áselos de 7 a 10 minutos, o hasta que estén blandos al tacto. Pélelos.

2 Ponga el pimiento, el tomate y el aceite en una batidora o robot de cocina y haga un puré. Chafe el ajo y agréguelo al puré, junto con los copos de guindilla y el orégano. Salpimiente la salsa, mézclela bien y pásela a un cazo. Resérvela.

3 Cueza la pasta en abundante agua hirviendo ligeramente salada hasta que esté al dente. Escúrrala y pásela a una fuente de servir.

4 Caliente la salsa y viértala sobre la pasta, removiendo para mezclarla. Sírvala enseguida con el parmesano rallado por encima.

penne con salsa de pimientos y queso de cabra

ingredientes

PARA 4 PERSONAS

2 cucharadas de aceite
   de oliva

15 g de mantequilla

1 cebolla pequeña picada
   fina

4 pimientos, amarillos y rojos,
   despepitados y cortados
   en cuadraditos de 2 cm

3 dientes de ajo en láminas
   finas

sal y pimienta

450 g de penne o rigatoni

125 g de queso de cabra
   desmenuzado

15 hojas de albahaca fresca
   cortadas en tiras

10 aceitunas negras
   deshuesadas y cortadas
   en rodajitas

preparación

1 Caliente el aceite y la mantequilla en una sartén grande a fuego medio y fría la cebolla hasta que esté tierna. Añada el pimiento y el ajo y, sin dejar de remover, fríalos a fuego medio-alto de 12 a 15 minutos, hasta que el pimiento esté tierno. Salpimiente y retire la sartén del fuego.

2 Cueza la pasta en abundante agua hirviendo ligeramente salada hasta que esté al dente. Escúrrala bien y pásela a una fuente de servir caliente. Agréguele el queso de cabra y mezcle bien.

3 Vuelva a calentar brevemente la salsa y añádale la albahaca y las aceitunas. Viértala sobre los penne, mézclelo todo bien y sirva.

raviolis de espinacas y ricota

ingredientes

PARA 4 PERSONAS

masa para
pasta de espinacas

225 g de espinacas
  sin los tallos gruesos

200 g de harina, y un poco
  más para espolvorear

1 pizca de sal

2 huevos ligeramente batidos

1 cucharada de aceite
  de oliva

relleno

350 g de espinacas
  sin los tallos gruesos

225 g de ricota

50 g de parmesano recién
  rallado

2 huevos ligeramente batidos

1 pizca de nuez moscada
  recién rallada

pimienta

parmesano rallado,
  para servir

preparación

1 Escalde las espinacas en agua hirviendo durante 1 minuto, escúrralas bien y píquelas. Tamice la harina sobre el recipiente de una batidora. Añádale las espinacas, la sal, los huevos y el aceite y mézclelos hasta que empiece a formarse una masa. Espolvoree la superficie de trabajo con harina y amase la mezcla con las manos hasta lograr una masa fina. Cúbrala y déjela reposar 30 minutos como mínimo.

2 Para el relleno, lave las espinacas y cuézalas 5 minutos sólo con el agua que han retenido. Escúrralas bien, déjelas enfriar y píquelas. Bata la ricota y añádale las espinacas, el parmesano y la mitad del huevo. Sazone con nuez moscada y pimienta.

3 Divida la masa en dos partes y extiéndalas por separado sobre la superficie enharinada. Distribuya montoncitos de relleno sobre una lámina de masa formando hileras separadas 4 cm entre sí y pinte los espacios vacíos con huevo batido. Cubra con la otra lámina de masa, presione entre los montoncitos para eliminar el aire y recorte la masa en cuadrados. Déjelos reposar 1 hora sobre un paño de cocina enharinado.

4 Cueza los raviolis 5 minutos en agua con sal. Retírelos, escúrralos y páselos a una fuente. Sírvalos espolvoreados con parmesano rallado.

al horno

Hace frío, llueve, tiene un mal día y necesita animarse, ¡rápido! Un plato de pasta al horno es la respuesta. Capas de pasta y salsa cubiertas de queso, tubos de pasta con un delicioso relleno, o el plato más reconfortante de todos: Macarrones con queso; cualquiera de ellos le devolverá el buen humor. Resista la tentación de abrir la puerta del horno mientras se cuece su plato preferido, y piense en el tentador aroma de la bandeja recién horneada, caliente y borboteante.

La lasaña es uno de los platos de pasta más apreciados: pruebe la Lasaña clásica, la Lasaña verde, la Lasaña de pollo o la de setas al marsala. Para una versión con pescado, la Lasaña a la marinera, repleta de gambas y rape, es ideal; y si la prefiere de verduras, la Lasaña vegetariana lleva una irresistible mezcla de berenjenas asadas y calabacín frito con ajo y hierbas aromáticas.

Los canelones son divertidos de preparar: grandes tubos de pasta con su relleno favorito y horneados con una salsa. Pruebe los Canelones de pollo y setas silvestres, o los Canelones de espinacas y ricota. Los Agnolotti de verduras son semicírculos de pasta casera que primero se hierven y después se terminan de cocer en el horno con una cobertura de parmesano. ¡La satisfacción está garantizada!

lasaña verde

ingredientes

PARA 4 PERSONAS

mantequilla, para untar

225 g de placas para lasaña
  verde que no precisen
  cocción previa

300 ml de salsa bechamel
  (*véase* pág. 230)

50 g de parmesano rallado

ensalada verde, de tomate
  o aceitunas negras,
  para acompañar

salsa de carne

3 cucharadas de aceite
  de oliva

45 g de mantequilla

2 cebollas grandes picadas

4 ramas de apio en rodajas
  finas

175 g de beicon picado

2 dientes de ajo picados

500 g de carne picada
  de buey

2 cucharadas de concentrado
  de tomate

1 cucharada de harina

400 g de tomate troceado
  en su jugo, de lata

150 ml de caldo de carne

150 ml de vino tinto

sal y pimienta

2 cucharaditas de orégano seco

$1/2$ cucharadita de nuez
  moscada recién rallada

preparación

1 Para hacer la salsa de carne, caliente el aceite y la mantequilla en una sartén grande a fuego medio y fría la cebolla, el apio y el beicon 5 minutos, removiendo a menudo. Añada el ajo y la carne y siga removiendo hasta que ésta cambie de color. Déjelo cocer a fuego lento 10 minutos, removiendo.

2 Añada el concentrado de tomate y la harina a la sartén, remueva y deje el sofrito a fuego medio 1 o 2 minutos. Incorpore el tomate, vierta el caldo y el vino y, removiendo, llévelo a ebullición. Condimente con sal y pimienta, el orégano y la nuez moscada. Déjelo cocer a fuego suave y sin cubrir entre 55 minutos y 1 hora, o hasta que la mezcla se haya reducido a una pasta espesa. Vaya removiendo la salsa a menudo.

3 Precaliente el horno a 190 °C. Unte una fuente refractaria rectangular con mantequilla y ponga un poco de salsa de carne. Disponga una capa de placas para lasaña y un poco de salsa bechamel por encima. Vaya haciendo capas hasta agotar los ingredientes y cubra la última capa con el resto de la salsa bechamel.

4 Esparza el queso sobre la lasaña y hornéela 40 minutos, o hasta que esté dorada y burbujeante. Sírvala acompañada de una ensalada verde o de tomate, o de un bol de aceitunas negras.

linguine a la siciliana

ingredientes

PARA 4 PERSONAS

125 ml de aceite de oliva,
  y un poco más para untar

2 berenjenas cortadas
  en rodajas

350 g de carne picada
  de buey

1 cebolla picada

2 dientes de ajo picados finos

2 cucharadas de concentrado
  de tomate

400 g de tomate troceado
  en su jugo, de lata

1 cucharadita de salsa
  Worcester

1 cucharada de perejil picado

sal y pimienta

50 g de aceitunas negras
  deshuesadas, cortadas
  en rodajas

1 pimiento rojo despepitado
  y troceado

175 g de linguine

120 g de parmesano
  recién rallado

preparación

1 Unte con aceite un molde desmontable de 20 cm de diámetro y forre la base con papel vegetal. Caliente la mitad del aceite y, por tandas, fría las rodajas de berenjena por ambos lados. Añada aceite si es necesario. Escúrralas sobre papel de cocina y dispóngalas, de modo que se solapen, sobre la base y los laterales del molde. Reserve algunas rodajas.

2 Caliente el resto del aceite en una cacerola grande y sofría la carne, la cebolla y el ajo. Cuando la carne se haya dorado, añada el concentrado de tomate, el tomate triturado con su jugo, la salsa Worcester y el perejil. Salpimiente y déjelo cocer todo 10 minutos. Incorpore las aceitunas y el pimiento rojo, y prosiga con la cocción 10 minutos más.

3 Entre tanto, precaliente el horno a 200 °C. En una olla grande, ponga a hervir abundante agua con un poco de sal. Eche la pasta, deje que vuelva a romper el hervor y cueza los linguine entre 8 y 10 minutos, o hasta que estén al dente. Escúrralos y póngalos en una fuente. Añádales la salsa de carne y el queso, mézclelo todo y pase el preparado al molde. Presiónelo un poco, cúbralo con las rodajas de berenjena reservadas y hornéelo 40 minutos. Luego, déjelo reposar 5 minutos y desmóldelo sobre una bandeja. Retire el papel vegetal y sirva el plato.

lasaña clásica

ingredientes

PARA 4 PERSONAS

3 cucharadas de aceite
de oliva

1 cebolla picada fina

1 rama de apio picada fina

1 zanahoria picada fina

100 g de panceta o de beicon
magro sin corteza y picado
fino

175 g de carne picada
de buey

175 g de carne picada
de cerdo

50 ml de vino tinto seco

150 ml de caldo de ternera

1 cucharada de concentrado
de tomate

sal y pimienta

1 clavo

1 hoja de laurel

150 ml de leche hirviendo

60 g de mantequilla sin sal
en dados, y un poco más
para untar

400 g de placas para lasaña
que no precisen cocción
previa

300 ml de salsa bechamel
(*véase* pág. 230)

140 g de mozzarella en dados

140 g de parmesano recién
rallado

preparación

1 Caliente el aceite de oliva en una cacerola grande de base gruesa. Añada la cebolla, el apio, la zanahoria, la panceta y ambos tipos de carne y sofríalo todo a fuego medio durante 10 minutos, o hasta que ésta esté dorada. Vaya removiendo con frecuencia y separando la carne con una cuchara de madera.

2 Vierta el vino, llévelo a ebullición y déjelo reducir. Agregue $2/3$ del caldo, deje que rompa el hervor y espere a que se reduzca. Mezcle el resto del caldo con el concentrado de tomate y añádalo también. Sazone con sal, pimienta, el clavo y el laurel, y vierta la leche. Tape y deje cocer el relleno a fuego lento $1^1/2$ horas.

3 Precaliente el horno a 200 °C. Unte una fuente grande para el horno con mantequilla. Disponga una capa de placas para lasaña en la base y cúbrala con otra de carne. Extienda una capa de bechamel por encima y esparza una tercera parte de la mozzarella y del parmesano. Siga haciendo capas hasta agotar todos los ingredientes y acabe con una capa de bechamel y queso.

4 Reparta los dados de mantequilla sobre la superficie y hornee la lasaña durante 30 minutos, o hasta que esté dorada y burbujeante.

pastel de elicoidali con carne de cerdo

ingredientes

PARA 4 PERSONAS

2 cucharadas de aceite
de oliva

1 cebolla picada

1 diente de ajo picado fino

2 zanahorias en dados

50 g de panceta o de beicon
magro sin corteza y
picados

120 g de champiñones
picados

450 g de carne de cerdo
picada

125 ml de vino blanco seco

4 cucharadas de passata

200 g de tomate troceado en
su jugo, de lata

2 cucharaditas de salvia fresca
picada o ½ cucharadita
de salvia seca

sal y pimienta

225 g de elicoidali

140 g de mozzarella en dados

4 cucharadas de parmesano
recién rallado

300 ml de salsa bechamel
(*véase* pág. 230)

preparación

1 Caliente el aceite de oliva en una sartén grande de base gruesa y sofría la cebolla, el ajo y la zanahoria a fuego lento, removiendo de vez en cuando, 5 minutos o hasta que la cebolla esté tierna. Añada la panceta y sofríala 5 minutos. Incorpore los champiñones picados y déjelos cocer 2 minutos, removiendo a menudo. Agregue la carne y sofríala, desmenuzándola con una cuchara de madera, hasta que esté bien dorada. Incorpore el vino, la passata, el tomate con su jugo y la salvia y remueva. Salpimiente el preparado. Llévelo a ebullición, tape la sartén y déjelo cocer a fuego lento 25 o 30 minutos.

2 Mientras tanto, ponga a hervir en una olla grande abundante agua con un poco de sal. Eche la pasta, deje que el agua vuelva a hervir y cuézala de 8 a 10 minutos, o hasta que esté al dente.

3 Precaliente el horno a 200 °C. Pase el preparado de carne a una fuente para el horno. Mezcle la mozzarella y la mitad del parmesano con la bechamel. Escurra la pasta, viértale la salsa por encima y remueva. Extiéndala sobre el preparado de carne. Esparza el resto del queso por encima y hornéelo 25 o 30 minutos, o hasta que la superficie esté bien dorada, y sirva.

canelones de ricota y jamón

ingredientes

PARA 4 PERSONAS

2 cucharadas de aceite
   de oliva
2 cebollas picadas
2 dientes de ajo picados finos
1 cucharada de albahaca
   fresca en tiras finas
800 g de tomate troceado
   en su jugo, de lata
1 cucharada de concentrado
   de tomate
sal y pimienta
350 g de canelones
mantequilla, para untar
225 g de ricota
120 g de jamón cocido
   en dados
1 huevo
50 g de queso pecorino
   romano recién rallado

preparación

1 Caliente el aceite en una sartén grande de base gruesa y sofría la cebolla y el ajo, removiendo de vez en cuando, 5 minutos o hasta que la cebolla esté tierna. Incorpore la albahaca, el tomate con su jugo y el concentrado de tomate y salpimiente la mezcla. Déjela cocer a fuego lento durante 30 minutos, o hasta que se haya espesado.

2 Mientras tanto, en una olla grande lleve a ebullición abundante agua con un poco de sal. Eche los canelones, deje que el agua vuelva a hervir y cuézalos de 8 a 10 minutos, o hasta que estén al dente. Retírelos con una espumadera y séquelos dándoles unos golpecitos con papel de cocina.

3 Precaliente el horno a 180 ºC. Unte con mantequilla una fuente para el horno, grande y llana. En un cuenco, mezcle la ricota, el jamón y el huevo y salpimiente. Con una cucharita, rellene los canelones con el preparado y dispóngalos en la fuente para el horno en una sola capa. Cúbralos con la salsa de tomate y esparza el queso pecorino rallado por encima. Hornee los canelones unos 30 minutos, o hasta que estén dorados, y sírvalos enseguida.

pasticcio

ingredientes

PARA 4 PERSONAS

1 cucharada de aceite
   de oliva
1 cebolla picada
2 dientes de ajo picados finos
450 g de carne picada
   de cordero
2 cucharadas de concentrado
   de tomate
2 cucharadas de harina
300 ml de caldo de pollo
sal y pimienta
1 cucharadita de canela
   en polvo
120 g de macarrones
2 tomates maduros pero
   firmes, en rodajas
300 ml de yogur griego
2 huevos ligeramente batidos

preparación

1 Caliente el aceite en una sartén de base gruesa y, a fuego lento y removiendo de vez en cuando, sofría la cebolla y el ajo 5 minutos, o hasta que estén tiernos. Añada la carne y dórela, separándola con una cuchara de madera. Agregue el concentrado de tomate y espolvoree la harina por encima. Cuézalo todo 1 minuto, sin dejar de remover, y vierta el caldo de pollo. Sazone con sal, pimienta y la canela. Deje que rompa el hervor, tape la sartén y déjelo cocer 25 minutos a fuego lento.

2 Entre tanto, en una olla grande ponga a hervir abundante agua con un poco de sal. Eche la pasta, espere a que vuelva a hervir el agua y deje cocer los macarrones de 8 a 10 minutos, o hasta que estén al dente.

3 Precaliente el horno a 190 °C. Disponga la mezcla de carne en una fuente para el horno y reparta por encima las rodajas de tomate. Escurra la pasta y póngala en una fuente. Añádale el yogur y el huevo y mézclelo todo bien. Distribuya la pasta por encima del tomate, hornee el pasticcio 1 hora y sírvalo.

canelones de pollo

ingredientes

PARA 4 PERSONAS

4 pechugas de pollo
    deshuesadas y sin piel,
    cortadas en dados
2 cucharadas de aceite
    de oliva
85 g de mantequilla
550 ml de nata espesa
1 cucharadita de sal
1 cucharadita de pimienta
$1/4$ de cucharadita de nuez
    moscada recién rallada
50 g de parmesano recién
    rallado
450 g de ricota
1 huevo ligeramente batido
1 cucharada de orégano
    fresco picado
2 cucharadas de albahaca
    fresca picada
225 g de canelones
75 g de mozzarella recién
    rallada
ramitas de albahaca,
    para adornar

adobo

125 ml de vinagre de vino
    blanco
1 diente de ajo majado
125 ml de aceite de oliva

preparación

1 Para hacer el adobo, mezcle en una fuente el vinagre con el ajo y el aceite de oliva. Sumerja el pollo en la mezcla, cubra la fuente con film transparente y déjelo marinar 30 minutos.

2 Caliente el aceite de oliva en una sartén. Escurra bien los dados de pollo y fríalos entre 5 y 7 minutos, dándoles la vuelta, hasta que estén blancos por fuera. Resérvelos.

3 Cueza los canelones siguiendo las instrucciones del envase. Séquelos mediante ligeros golpecitos con papel de cocina.

4 Derrita la mantequilla en un cazo a fuego medio-alto. Eche la nata espesa, la sal, la pimienta y la nuez moscada y remueva la salsa hasta que se espese. Baje el fuego, añada el parmesano rallado y remueva hasta que se haya fundido. Retire el cazo del fuego.

5 Precaliente el horno a 180 °C. Mezcle en un cuenco la ricota con el huevo y las hierbas. Añada los dados de pollo y remueva. Rellene los canelones con la mezcla. Vierta la mitad de la salsa en una fuente para el horno de 23 x 33 cm y disponga los canelones rellenos encima. Cúbralos con el resto de la salsa, esparza la mozzarella por la superficie y cubra la fuente con papel de aluminio. Hornee los canelones 45 minutos. Cuando los saque del horno, déjelos reposar 10 minutos, adórnelos con las ramitas de albahaca y sírvalos.

lasaña de pollo

ingredientes

PARA 6 PERSONAS

2 cucharadas de aceite
   de oliva

900 g de carne picada
   de pollo

1 diente de ajo picado fino

4 zanahorias troceadas

4 puerros cortados en rodajas

450 ml de caldo de pollo

2 cucharadas de concentrado
   de tomate

sal y pimienta

120 g de cheddar rallado

1 cucharadita de mostaza
   de Dijon

600 ml de salsa bechamel
   (*véase* pág. 230)

120 g de placas para lasaña
   que no precisen cocción
   previa

preparación

1 Caliente el aceite en una sartén de base gruesa y sofría la carne de pollo a fuego medio 5 minutos, o hasta que esté bien dorada, a la vez que la va separando con una cuchara de madera. Añada el ajo, la zanahoria y el puerro, y prosiga otros 5 minutos con la cocción, removiendo de vez en cuando.

2 Vierta el caldo de pollo y el concentrado de tomate, salpimiente y remueva. Llévelo a ebullición, tápelo y déjelo cocer a fuego lento unos 30 minutos.

3 Precaliente el horno a 190 ºC. Caliente la salsa bechamel, agréguele la mitad del cheddar y la mostaza y remueva. En una fuente para el horno, alterne capas de pollo, de placas para lasaña y de la mezcla de bechamel hasta agotar todos los ingredientes. Acabe con una capa del preparado de bechamel, esparza el cheddar restante por encima y hornee la lasaña durante 1 hora, o hasta que esté bien dorada y burbujeante. Sírvala enseguida.

lasaña de setas al marsala

ingredientes

PARA 4 PERSONAS

mantequilla, para untar

14 placas para lasaña que no precisen cocción previa

900 ml de salsa bechamel (*véase* pág. 230)

85 g de parmesano rallado

salsa de setas

2 cucharadas de aceite de oliva

2 dientes de ajo majados

1 cebolla grande picada fina

225 g de setas variadas, cortadas en láminas

300 g de carne picada de pollo

85 g de higadillos de pollo picados

120 g de jamón curado cortado en dados

150 ml de marsala

285 g de tomate troceado en su jugo, de lata

1 cucharada de hojas de albahaca fresca picadas

2 cucharadas de concentrado de tomate

sal y pimienta

preparación

1 Para hacer la salsa, caliente el aceite de oliva en una cacerola de base gruesa y rehogue el ajo, la cebolla y las setas 6 minutos, removiendo a menudo. Añada el pollo, los higadillos y el jamón, y déjelo cocer todo a fuego suave 12 minutos, o hasta que la carne esté dorada.

2 Vierta el marsala y agregue el tomate, la albahaca y el concentrado de tomate. Remueva y deje cocer la salsa 4 minutos. Salpimiéntela, cubra la cacerola y prosiga con la cocción a fuego lento durante 30 minutos. Quite la tapa, vuelva a remover y deje cocer la salsa unos 15 minutos más.

3 Precaliente el horno a 190 °C. Unte con mantequilla una fuente para el horno. Disponga una capa de placas para lasaña. Cúbrala con parte del preparado de setas y, a continuación, ponga una capa de salsa bechamel. Repita el proceso un par de veces, terminando con una capa de salsa bechamel. Esparza el queso rallado por encima y hornee la lasaña unos 35 minutos, o hasta que esté bien dorada y burbujeante. Sírvala enseguida.

canelones de pollo y setas silvestres

ingredientes

PARA 4 PERSONAS

mantequilla, para untar
2 cucharadas de aceite
de oliva
2 dientes de ajo majados
1 cebolla grande picada fina
225 g de setas silvestres
en láminas
350 g de carne picada
de pollo
120 g de jamón curado
en dados
150 ml de marsala
200 g de tomate troceado
en su jugo, de lata
1 cucharada de hojas
de albahaca fresca
en tiras finas
2 cucharadas de concentrado
de tomate
sal y pimienta
10-12 canelones
600 ml de salsa bechamel
(*véase* pág. 230)
85 g de parmesano recién
rallado

preparación

1 Unte una fuente grande para el horno. Caliente el aceite de oliva en una sartén de base gruesa. A fuego suave y removiendo con frecuencia, sofría bien el ajo, la cebolla y las setas entre 8 y 10 minutos. Incorpore el pollo y el jamón y, removiendo a menudo, fríalos unos 12 minutos, hasta que estén bien dorados. Vierta el marsala y añada el tomate con su jugo, la albahaca y el concentrado de tomate. Mezcle y deje cocer el preparado 4 minutos. Salpimiente, tape la sartén y déjelo cocer todo a fuego lento otros 30 minutos. Destápelo y prosiga con la cocción 15 minutos más.

2 Mientras tanto, en una cacerola grande de base gruesa lleve a ebullición agua con un poco de sal. Eche la pasta, espere a que vuelva a hervir el agua y cueza los canelones entre 8 y 10 minutos o hasta que estén al dente. Páselos con una espumadera a una bandeja y séquelos con papel de cocina.

3 Precaliente el horno a 190 ºC. Con una cucharilla, rellene los canelones con la mezcla de pollo, jamón y setas. Póngalos en la fuente de hornear, reparta bien la bechamel por encima y, a continuación, el parmesano.

4 Hornee los canelones 30 minutos, o hasta que estén dorados y burbujeen, y sírvalos.

lasaña a la marinera

ingredientes

PARA 6 PERSONAS

15 g de mantequilla

225 g de gambas peladas,
   sin el hilo intestinal
   y troceadas

450 g de rape sin piel
   y troceado

225 g de champiñones
   picados

900 ml de salsa bechamel
   (*véase* pág 230)

sal y pimienta

400 g de tomate troceado
   en su jugo, de lata

1 cucharada de perifollo
   fresco picado

1 cucharada de albahaca
   fresca en tiras

175 g de placas para lasaña
   que no precisen cocción
   previa

85 g de queso parmesano
   recién rallado

preparación

1 Precaliente el horno a 190 ºC. Derrita la mantequilla en una sartén grande de base gruesa. Eche las gambas y el rape, y sofríalos a fuego medio de 3 a 5 minutos, o hasta que las gambas cambien de color. Con una espumadera, pase las gambas a un cuenco refractario. Incorpore los champiñones a la sartén y sofríalos con el rape 5 minutos, removiendo de vez en cuando. Páselo todo al cuenco donde están las gambas.

2 Incorpore esta mezcla, con el jugo que haya desprendido, a la bechamel y salpimiéntela. En una fuente grande para el horno, vaya alternando capas de bechamel de pescado y champiñones, tomate, perifollo, albahaca y láminas de lasaña, de modo que la última capa sea de bechamel de pescado. Esparza el parmesano rallado por encima.

3 Cueza la lasaña en el horno durante unos 35 minutos, o hasta que la superficie tenga un intenso color dorado. Sírvala enseguida.

rigatoni con atún y ricota

ingredientes

PARA 4 PERSONAS

mantequilla, para untar

450 g de rigatoni

120 g de tomates secados
   al sol conservados
   en aceite, escurridos
   y en tiras

relleno

200 g de atún en conserva
   escurrido y desmenuzado

225 g de ricota

salsa

125 ml de nata espesa

225 g de parmesano recién
   rallado

sal y pimienta

preparación

1 Precaliente el horno a 200 ºC. Unte una fuente grande para el horno con mantequilla. En una olla grande, ponga a hervir abundante agua con un poco de sal. Eche los rigatoni, espere a que vuelva a romper el hervor y cueza la pasta entre 8 y 10 minutos, o hasta que esté al dente. Escúrrala y déjela entibiar.

2 Mientras tanto, mezcle el atún con la ricota en un cuenco para formar una pasta espesa. Pase la mezcla a una manga pastelera y vaya rellenando con ella los rigatoni. Disponga los tubos de pasta formando hileras en la fuente para el horno.

3 Para preparar la salsa, mezcle la nata con el parmesano en un cuenco y salpimiente. Cubra los rigatoni con la salsa y reparta las tiras de tomate por encima. Hornee la pasta unos 20 minutos y sírvala en la misma fuente.

espaguetis al horno con salmón ahumado y gambas

ingredientes

PARA 6 PERSONAS

70 g de mantequilla,
   y un poco más para untar

350 g de espaguetis

200 g de salmón ahumado
   cortado en tiras

280 g de gambas grandes
   cocidas, peladas y sin
   el hilo intestinal

300 ml de salsa bechamel
   (*véase* pág. 230)

120 g de parmesano recién
   rallado

sal

preparación

1 Precaliente el horno a 180 ºC. Unte con mantequilla una fuente grande para el horno y resérvela. En una olla grande, ponga a hervir abundante agua con un poco de sal. Eche la pasta, deje que vuelva a romper el hervor y cueza los espaguetis 8 o 10 minutos o hasta que estén al dente. Escúrralos bien, vuelva a ponerlos en la cacerola, añádales 60 g de mantequilla y remuévalos.

2 Pase la mitad de los espaguetis a la fuente. Cúbralos con las tiras de salmón y luego disponga las gambas. Vierta 150 ml de la bechamel por encima y esparza la mitad del parmesano por toda la superficie. Añada el resto de los espaguetis y cúbralos con la bechamel y el parmesano restantes. Reparta el resto de la mantequilla por encima.

3 Hornee la pasta durante 15 minutos, o hasta que la capa superior esté dorada, y sírvala enseguida.

cazuela de pasta con atún

ingredientes

PARA 2 PERSONAS

125-150 g de macarrones

1 cucharada de aceite
de oliva

1 diente de ajo majado

50 g de champiñones
cortados en láminas

1/2 pimiento rojo en rodajitas

200 g de atún en conserva
al natural, escurrido
y desmenuzado

1/2 cucharadita de orégano
seco

sal y pimienta

2 tomates cortados en rodajas

2 cucharadas de pan rallado

25 g de parmesano
o cheddar rallados

salsa

30 g de mantequilla, y un
poco más para untar

1 cucharada de harina

250 ml de leche

preparación

1 En una olla grande, ponga a hervir abundante agua con un poco de sal. Eche los macarrones, deje que el agua hierva de nuevo y cueza la pasta entre 8 y 10 minutos, hasta que esté al dente. Escurra los macarrones, páselos bajo el chorro de agua fría y vuelva a escurrirlos bien.

2 Precaliente el horno a 200 °C. Caliente el aceite de oliva en una sartén y sofría el ajo con los champiñones y el pimiento, hasta que estén tiernos. Añada el atún y el orégano y salpimiente. Unte con mantequilla una fuente para el horno con capacidad de 1 litro. Ponga la mitad de los macarrones, cúbralos con la mezcla de atún y extienda el resto de la pasta por encima.

3 Para hacer la salsa, derrita la mantequilla en un cazo, eche la harina y remueva 1 minuto. Vaya vertiendo la leche poco a poco y deje que rompa el hervor. Baje el fuego y remueva un par de minutos, hasta que se espese. Salpimiente y vierta la salsa sobre la pasta. Disponga las rodajas de tomate sobre la salsa y esparza el pan rallado y el queso por toda la superficie. Hornee el plato 25 minutos o hasta que la cobertura se haya dorado.

cazuelitas de pasta con marisco

ingredientes

PARA 6 PERSONAS

350 g de conchiglie

85 g de mantequilla, y un
poco más para untar

2 bulbos de hinojo cortados
en rodajitas

175 g de champiñones
en láminas finas

175 g de gambas cocidas
y peladas

175 g de carne de cangrejo
cocida

1 pizca de cayena

300 ml de salsa bechamel
(*véase* pág. 230)

50 g de parmesano recién
rallado

2 tomates grandes en rodajas

aceite de oliva, para rociar

ensalada verde, para servir

pan de barra, para acompañar

preparación

1 Precaliente el horno a 180 °C. En una olla grande, ponga a hervir abundante agua con un poco de sal. Eche la pasta, espere a que rompa de nuevo el hervor y cuézala entre 8 y 10 minutos, o hasta que esté al dente. Escúrrala bien, póngala de nuevo en la olla y añádale 25 g de mantequilla. Tape bien la olla y mantenga la pasta caliente.

2 Derrita el resto de la mantequilla en una sartén grande de base gruesa y sofría el hinojo a fuego medio 5 minutos, o hasta que esté tierno. Añada los champiñones y déjelos cocer 2 minutos. Incorpore las gambas y la carne de cangrejo, prosiga con la cocción 1 minuto más y retire la sartén del fuego.

3 Unte 6 boles para el horno con mantequilla. Sazone la bechamel con la cayena, mézclela con el marisco y la pasta, y reparta la mezcla en los boles. Luego, esparza el parmesano y disponga las rodajas de tomate por encima, rociándolas con un poco de aceite de oliva.

4 Hornee la pasta 25 minutos o hasta que esté dorada. Sírvala caliente con ensalada verde y pan como acompañamiento.

macarrones con queso

ingredientes

PARA 4 PERSONAS

225 g de macarrones

600 ml de salsa bechamel
(*véase* pág. 230)

1 huevo batido

125 g de cheddar curado
rallado

1 cucharada de mostaza
de grano entero

2 cucharadas de cebollino
fresco picado

sal y pimienta

4 tomates cortados en rodajas

60 g de queso azul rallado

125 g de queso Red Leicester
rallado

2 cucharadas de pipas
de girasol peladas

cebollino fresco troceado,
para adornar

preparación

1 En una olla grande, ponga a hervir abundante agua con un poco de sal. Eche la pasta, deje que el agua hierva de nuevo y cueza los macarrones entre 8 y 10 minutos, hasta que estén al dente. Escúrralos bien y póngalos en una fuente refractaria.

2 Precaliente el horno a 190 °C. Incorpore el huevo batido, el cheddar, la mostaza y el cebollino a la salsa bechamel y salpimiéntela. Extienda la mezcla sobre los macarrones, procurando que queden bien recubiertos, y termine con una capa de rodajas de tomate.

3 Esparza el queso azul, el Red Leicester y las pipas de girasol por encima de las rodajas de tomate y deje la bandeja en el horno precalentado de 25 a 30 minutos, o hasta que la superficie esté dorada y burbujeante. Adorne los macarrones con el cebollino fresco y sirva.

lasaña vegetariana

ingredientes

PARA 4 PERSONAS

aceite de oliva, para untar

2 berenjenas en rodajas

30 g de mantequilla

1 diente de ajo picado fino

4 calabacines en rodajas

1 cucharada de perejil picado fino

1 cucharada de mejorana fresca picada fina

225 g de mozzarella rallada

625 ml de passata

175 g de placas para lasaña que no precisen cocción previa

sal y pimienta

salsa de bechamel (*véase* abajo)

50 g de parmesano recién rallado

salsa bechamel
(para 300 ml de salsa)

300 ml de leche

1 hoja de laurel

6 granos de pimienta negra

1 rodaja de cebolla

nuez moscada

30 g de mantequilla

3 cucharadas de harina

sal y pimienta

preparación

1 Para hacer la salsa, ponga en una sartén, a fuego medio-suave, la leche, la hoja de laurel, la pimienta, la cebolla y la nuez moscada. Justo antes de que rompa el hervor, retire la sartén del fuego. Tápela, deje los ingredientes en infusión 10 minutos y cuele la leche. En otra sartén, derrita la mantequilla. Espolvoree la harina encima y, sin dejar de remover, cuézala a fuego lento 1 minuto. Agregue la leche poco a poco, llévela a ebullición y cuézala, removiendo, hasta obtener una salsa espesa y homogénea. Salpimiéntela.

2 Precaliente el horno a 200 ºC. Unte una plancha con aceite y caliéntela hasta que humee. Por tandas, ase las berenjenas unos 8 minutos, o hasta que estén bien doradas. Póngalas a escurrir en papel de cocina.

3 Derrita la mantequilla en una sartén sofría, a fuego medio, el ajo, el calabacín, el perejil y la mejorana 5 minutos, o hasta que el calabacín esté tierno. Remueva a menudo. Retírelos de la sartén y déjelos escurrir en papel de cocina.

4 Unte con aceite una fuente refractaria y vaya alternando capas de berenjena, calabacín, mozzarella, passata y placas de lasaña a la vez que las salpimienta. Termine con una capa de lasaña y cúbrala con la bechamel. Esparza el parmesano por toda la superficie y hornee de 30 a 40 minutos, o hasta que la lasaña esté dorada. Sírvala enseguida.

agnolotti de verduras

ingredientes

PARA 4 PERSONAS

mantequilla, para untar
225 g de masa para pasta
   (*véase* pág. 86)
harina, para espolvorear
85 g de parmesano rallado
hojas de ensalada variadas,
   para acompañar

relleno

125 ml de aceite de oliva
1 cebolla roja picada
3 dientes de ajo picados
2 berenjenas grandes
   troceadas
3 calabacines grandes
   troceados
6 tomates grandes pelados,
   despepitados y troceados
1 pimiento verde grande,
   despepitado y en dados
1 pimiento rojo grande,
   despepitado y en dados
1 cucharada de pasta
   de tomates secados al sol
1 cucharada de albahaca
   fresca en tiras finas
sal y pimienta

preparación

1 Para preparar el relleno, caliente el aceite de oliva en una cacerola grande de base gruesa y sofría la cebolla y el ajo a fuego suave, removiendo de vez en cuando, 5 minutos o hasta que estén tiernos. Incorpore la berenjena, el calabacín, el tomate, los pimientos, la pasta de tomate y la albahaca. Salpimiente, tape la cacerola y déjelo cocer a fuego suave, removiendo de vez en cuando, 20 minutos.

2 Precaliente el horno a 200 °C. Unte una fuente para el horno con mantequilla. Con el rodillo de cocina, extienda la masa para pasta sobre una superficie enharinada y recorte redondeles de unos 7,5 cm con un cortapastas. Coloque 1 cucharada de relleno sobre una mitad de cada redondel. Humedezca los bordes del círculo y doble la otra mitad por encima, presionando para sellar el relleno de los agnolotti.

3 En una olla grande, ponga a hervir abundante agua con un poco de sal. Eche los agnolotti, deje que el agua hierva de nuevo y cuézalos durante 3 o 4 minutos. Retírelos con una espumadera, escúrralos y páselos a la fuente para el horno. Esparza el parmesano por encima y hornéelos 20 minutos. Sírvalos con hojas de ensalada para acompañar.

tallarines al horno con setas

ingredientes

PARA 4 PERSONAS

140 g de queso fontina
en lonchas finas

300 ml de salsa bechamel
(*véase* pág. 230)

90 g de mantequilla, y un
poco más para untar

350 g de setas silvestres
variadas en láminas

350 g de tallarines

2 yemas de huevo

4 cucharadas de queso
pecorino romano
recién rallado

sal y pimienta

hojas de ensalada variadas,
para acompañar

preparación

1 Precaliente el horno a 200 °C. Mezcle el queso fontina con la bechamel y resérvelo.

2 Derrita 30 g de mantequilla en una cacerola grande y sofría las setas a fuego suave, removiendo de vez en cuando, 10 minutos.

3 Mientras tanto, en una olla grande lleve a ebullición abundante agua con un poco de sal. Eche los tallarines, deje que el agua vuelva a hervir y cuézalos de 8 a 10 minutos, o hasta que estén al dente. Escúrralos, devuélvalos a la olla y añádales la mantequilla restante, las yemas de huevo y una tercera parte de la salsa de queso y bechamel. Salpimiente, remueva para que se mezclen los ingredientes y, con cuidado, incorpore las setas.

4 Unte una fuente grande para el horno con mantequilla y disponga la mezcla de pasta. Reparta uniformemente el resto de la salsa por encima y esparza el pecorino por toda la superficie. Hornee la pasta entre 15 y 20 minutos, o hasta que esté bien dorada, y sírvala enseguida acompañada de la ensalada variada.

canelones de setas

ingredientes

PARA 4 PERSONAS

12 canelones

4 cucharadas de aceite
de oliva, y un poco más
para untar

30 g de mantequilla

450 g de setas silvestres
variadas picadas

1 diente de ajo picado fino

85 g de pan fresco recién
rallado

150 ml de leche

225 g de ricota

6 cucharadas de parmesano
recién rallado

sal y pimienta

2 cucharadas de piñones

2 cucharadas de almendras
laminadas

salsa de tomate

2 cucharadas de aceite
de oliva

1 cebolla picada fina

1 diente de ajo picado fino

800 g de tomate troceado
en su jugo, de lata

1 cucharada de concentrado
de tomate

8 aceitunas negras
deshuesadas y picadas

sal y pimienta

preparación

1 Precaliente el horno a 190 °C. En una olla grande, lleve a ebullición abundante agua con un poco de sal. Eche los canelones, deje que vuelva a hervir el agua y cuézalos entre 8 y 10 minutos, o hasta que estén al dente. Retírelos con una espumadera, póngalos en un plato y séquelos con papel de cocina.

2 Para preparar la salsa de tomate, caliente el aceite en una sartén y sofría la cebolla y el ajo a fuego suave 5 minutos, o hasta que estén tiernos. Añada el tomate con su jugo, el concentrado de tomate y las aceitunas, y salpimiente. Lleve la salsa a ebullición y déjela 3 o 4 minutos. Unte una fuente refractaria grande con aceite y vierta la salsa.

3 Para el relleno, derrita la mantequilla en una sartén de base gruesa y saltee las setas y el ajo a fuego medio, removiendo a menudo, entre 3 y 5 minutos o hasta que estén tiernas. Retire la sartén del fuego. Mezcle en un cuenco grande el pan rallado, la leche y el aceite de oliva. Incorpore la ricota, la mezcla de setas y 4 cucharadas del parmesano, remuévalo todo bien y salpimiente.

4 Rellene los canelones con la mezcla y póngalos en la fuente con la salsa. Píntelos con aceite de oliva y esparza por encima el resto del parmesano, los piñones y las almendras. Hornéelos durante 25 minutos, o hasta que se hayan dorado, y sírvalos.

canelones de espinacas y ricota

ingredientes

PARA 4 PERSONAS

12 canelones de 7,5 cm
de largo
mantequilla, para untar

relleno
140 g de jamón magro cocido
picado
140 g de espinacas
descongeladas y
escurridas
120 g de ricota
1 huevo
3 cucharadas de queso
pecorino romano
recién rallado
1 pizca de nuez moscada
recién rallada
sal y pimienta

salsa de queso
30 g de mantequilla sin sal
2 cucharadas de harina
625 ml de leche caliente
85 g de gruyer recién rallado
sal y pimienta

preparación

1 Precaliente el horno a 180 °C. En una olla grande, lleve a ebullición agua con un poco de sal. Eche los canelones, deje que vuelva a hervir el agua y cuézalos 6 o 7 minutos, o hasta que estén al dente. Escúrralos, páselos bajo el chorro de agua fría y dispóngalos sobre un paño limpio.

2 En un robot de cocina, mezcle el jamón, las espinacas y la ricota. Incorpore el huevo y el pecorino y bátalo todo hasta obtener una pasta fina. Pase el relleno a un cuenco y sazónelo con nuez moscada, sal y pimienta.

3 Unte una fuente para el horno con un poco de mantequilla. Introduzca el relleno en una manga pastelera con una boquilla de 1 cm y vaya rellenando los canelones con cuidado. A continuación, dispóngalos en la fuente.

4 Derrita la mantequilla en un cazo. Eche la harina y cuézala 1 minuto, a fuego lento y removiendo. Añada la leche poco a poco, mezcle y deje que rompa el hervor. Baje el fuego y cuézalo todo 10 minutos, sin dejar de remover, hasta obtener una salsa fina. Retírela del fuego, incorpore el gruyer y salpimiéntela.

5 Vierta la salsa sobre los canelones. Cubra la fuente con papel de aluminio y hornéelos durante 20 o 25 minutos. Sírvalos enseguida.

tabla **de** equivalencias

Las equivalencias exactas de la siguiente tabla han sido redondeadas por conveniencia.

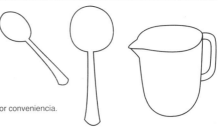

medidas de líquidos/sólidos

sistema imperial (EE UU)	sistema métrico
1/4 de cucharadita	1,25 mililitros
1/2 cucharadita	2,5 mililitros
3/4 de cucharadita	4 mililitros
1 cucharadita	5 mililitros
1 cucharada (3 cucharaditas)	15 mililitros
1 onza (de líquido)	30 mililitros
1/4 de taza	60 mililitros
1/3 de taza	80 mililitros
1/2 taza	120 mililitros
1 taza	240 mililitros
1 pinta (2 tazas)	480 mililitros
1 cuarto de galón (4 tazas)	950 mililitros
1 galón (4 cuartos)	3,84 litros
1 onza (de sólido)	28 gramos
1 libra	454 gramos
2,2 libras	1 kilogramo

temperatura del horno

farenheit	celsius	gas
225	110	1/4
250	120	1/2
275	140	1
300	150	2
325	160	3
350	180	4
375	190	5
400	200	6
425	220	7
450	230	8
475	240	9

longitud

sistema imperial (EE UU)	sistema métrico
1/8 de pulgada	3 milímetros
1/4 de pulgada	6 milímetros
1/2 pulgada	1,25 centímetros
1 pulgada	2,5 centímetros